新装版
第2版

財務諸表の卵

小田 正佳　西川 郁生

「会計」が苦手な人も読める本

税務経理協会

新装版第2版によせて

　株式会社ニコルの社長などを務めた小田正佳さんは，多才な方で，とくに会計関連の書籍の執筆において，類まれな説明力を発揮しました。小田さんの本を読むといつの間にか基本がしっかり身につくのです。

　いくつもの著作の中で小田さんの代表作となる『財務諸表の卵』が世に出たのは1997年1月でした。これまでの入門書とは異なる丁寧な説明は好評を博し，異例のスピードで初版から10度以上の増刷・改訂を重ねました。

　2004年には全面改訂による『新・財務諸表の卵』が発刊されました。しかし，その年，小田さんは急逝されました。あまりにも唐突であり，今でも悔やまれてなりません。

　小田さんと私は，日本在住の米国公認会計士試験合格者の研鑽団体JUSCPA（Japan Society of USCPA）の国際会計基準部会を通じて親しくなりました。部会としての書籍の刊行などにより信頼関係が高まりました。

　2015年，税務経理協会は本書の改訂の必要に迫られ，小田さんの奥様と相談の上，私に改訂版の執筆依頼がきました。私も小田さんの著作が新たに財務諸表を学ぶ方々に役立つことを願って引き受けました。その際，「わかりやすさ」という本書の特徴を残すと共に，10年の時の経過による制度の変化や新しい見方などを追加しました。

　今回，そこからさらに6年の時を経て，新たに改訂することとなり

ました。経営における会計の重要性はますます高まっています。会計を学ぶ需要が落ちることは今後ともないでしょう。ただ，会計の世界は入りづらい，という声があります。左と右のフォーマットとか聞き慣れない用語が参入障壁になっているのでしょう。

　財務諸表を初めて読もうとする意欲ある読者にとって，本書が引き続き頼もしい一冊でありつづけることを願ってやみません。

　最後に，小田さんの遺志を引き継ぐ執筆に，私を叱咤激励してくださった税務経理協会の大坪克行社長，丁寧な編集で助けてくださった大川晋一郎氏に深く感謝します。

　2021年6月

西 川 郁 生

まえがき

　財務諸表の入門書の類は数限りなく存在します。

　にもかかわらず，私が簿記の基本を知らない頃読んだ類書には楽しみながら理解を深められる本がありませんでした。どの本も20頁ほど読み進むと興味がうすれ，いつのまにか埃のなかに消えていくというパターンの繰り返しだったように記憶しています。結局簿記の基本から少しずつ勉強し，多少のことはなんとなくわかるようになりました。

　「学問に王道なし。」という諺のとおり，結果的にはこれがもっとも近道なのかもしれません。しかしながら，多忙なビジネスマンのなかにはこうした時間が十分とれない人も少なくありません。また，時間があったとしても仕事をもちながら簿記の基本から地道に勉強するには，かなりの意志の力を必要とします。

　『簿記の「ボ」の字も知らない人でも，楽しみながら財務諸表の基本が学べるような本が書けないものだろうか。』

　いつの日からか，私はそんなことを願うようになりました。それがこの本を書くことになったきっかけです。

　「人間は忘れる動物だ」といった人がいましたが，誰しも長い間自分の専門としている分野では，自分が初心者であった頃のことを忘れがちです。どこまで理解できていて，どこまで理解できていないか，どういうところがわかりにくいか，なぜわからないか，といった点。また，自分の専門分野で使われる専門用語には当然のことながら違和感がありませんが，素人にとっては，馴染むまでの期間こうした専門

用語にふれることには苦痛が伴います。

　この本ではまず，財務諸表の仕組みを大づかみにすることからはじめます。英語でいう「Bird's-eye view」。鳥が空から地上を眺めて全体を一望するイメージです。私がかつて入門書を読んでいたときにもっとも歯がゆかったのは，読んでも読んでもなかなか全体像が見えてこなかったことです。個々のテーマはなんとか理解できても，「じゃあ，いったい貸借対照表のツボはどこにあるのか？　損益計算書をどう読めばよいのか？」という肝心な点がいまひとつ理解できませんでした。

　そこで本書では，できるだけ早く読者が財務諸表の全体像がつかめるようにするにはどうすべきかという点に最大の労力を注ぎました。全体の輪郭がつかめると，個々の構成要素に対しても興味がわいてくるため理解は容易になると思うからです。

　この過程では，職場での個々のやりとりが会計上どのように処理されていくか，さらにはその積み重ねがどのように損益計算書に反映されていくか，また貸借対照表に示されるかといった事柄を，可能な限り身近で具体的な出来事にたとえて解説しました。人間誰しも自分の身近なものにたとえて考えるのがもっとも親近感がわきますし，理解も深まると思ったからです。

　最終的には本書を読破した人が貸借対照表および損益計算書のおおよその仕組みを理解でき，ごく初歩的な財務分析ができるようになることを目標としています。また損益と資金の関係についても基本的な理解ができるような構成にしたつもりです。ただし，本書はあくまでも「入門書を読む前に読む本」です。本書の内容がある程度把握でき

た方は，一般的な「入門書」でさらに理解を深めてください。

　本書がこれまで「財務諸表について知りたいのだが，どうもとっつきにくかった」方々に，財務諸表を知る上で何がしかのきっかけを提供できれば筆者にとって望外の幸せです。

　1997年1月

小　田　正　佳

も く じ

新装版第2版によせて
まえがき

第1章 財務諸表の果たす役割

① 財務諸表のとっつきにくさ
ほとんどの人が食わず嫌い ………………………………… 2
「読む」だけならむずかしくない ………………………… 3

② だれが利用するのか？
さまざまな会社関係者 ……………………………………… 6
会社の外にも利用者はたくさんいる …………………… 8

③ ビジネスの共通言語
本当のことを表示する重要性 …………………………… 10
みんなが同じルールで作る ……………………………… 11

第2章 手っとり早く 全体像をつかむ（1）

① 身近な事例で具体的なイメージをつかむ
財務諸表が作られる過程を体感する …………………… 14

② 株式会社T＆Tの設立
会社を作るとどうなるか？ ……………………………… 15

オフィス机や椅子を買うとどうなるか？ ……………………… 16

文房具を買うとどうなるか？ ……………………………………… 17

③ **中古車を仕入れて売りました**

商品を仕入れるとどうなるか？ ………………………………… 19

商品が売れるとどうなるか？ …………………………………… 20

損益を示す表のイメージ ………………………………………… 22

損をするとどうなるか？ ………………………………………… 23

④ **従業員を雇いました**

社員を雇うとどうなるか？ ……………………………………… 25

財政状態を示す表はどう変わるか？ …………………………… 26

光熱費や通信費を払うとどうなるか？ ………………………… 28

第3章 手っとり早く 全体像をつかむ（2）

① **借金をして土地を買いました**

借金をして土地を買うとどうなるか？ ………………………… 32

元手をどう調達し，それをどう運用するか？ ………………… 34

② **「掛け」で売買しました**

商品を掛けで仕入れるとどうなるか？ ………………………… 36

商品を掛けで売るとどうなるか？ ……………………………… 38

現金が入ってこないのに元手が増える不思議 ………………… 40

約束どおり入金がないとどうなるか？ ………………………… 41

約束どおり払った分はどうなるか？ …………………………… 42

儲けの計算と現金の動きの違い ………………………………… 43

もう少し本格的に 輪郭をつかむ（1）

① これまでのやりとりを専門用語に置き換える
自分の身の丈に合った活用方法を！ …………………………… 46

② 株式会社Ｔ＆Ｔの設立
会社を作るとどうなるか？ ………………………………… 47
オフィス机や椅子を買うとどうなるか？ ………………… 48
文房具を買うとどうなるか？ ……………………………… 49

③ 中古車を仕入れて売りました
商品を仕入れるとどうなるか？ …………………………… 51
並べ方にもルールがある ………………………………… 52
商品が売れるとどうなるか？ ……………………………… 54
損益の内訳を示す表 ……………………………………… 56
損をするとどうなるか？ …………………………………… 57

④ 従業員を雇いました
社員を雇うとどうなるか？ ………………………………… 59
貸借対照表はどう変わるか？ ……………………………… 60
光熱費や通信費を払うとどうなるか？ …………………… 61

もう少し本格的に 輪郭をつかむ（2）

① 借金をして土地を買いました
借金をして土地を買うとどうなるか？ …………………… 66
勘定科目の配列順序にもルールがある …………………… 68

右側の構成要素を整理する ……………………………… 68

② 「掛け」で売買しました

商品を掛けで仕入れるとどうなるか？ ………………… 71

配列順序を整理する ……………………………………… 72

商品を掛けで売るとどうなるか？ ……………………… 73

配列順序を整理する ……………………………………… 74

利益は増えても現金は増えない ………………………… 75

約束どおり入金がないとどうなるか？ ………………… 76

約束どおり払った分はどうなるか？ …………………… 77

利益の増減と現金の増減の違い ………………………… 78

第6章 理屈を考えてみる（1）

① 木を見る前に森を見る

森の成り立ちを考える ……………………………………… 82

② どうして左と右なのか？

帳簿の記録方法との関係 ………………………………… 83

イタリアで生み出された世界共通言語 ………………… 83

複式簿記の第1の特徴 …………………………………… 84

複式簿記の第2の特徴 …………………………………… 85

足し算の発想がベース …………………………………… 87

③ どうして左右が一致するのか？

左右が一致するメカニズム ……………………………… 88

具体的な事例で確認する ………………………………… 89

複式簿記の第3の特徴 …………………………………… 91

理屈を考えてみる(2)

① 3つの分類で整理する
3つの構成要素からなる基本構造 ……………………………… 96
貸借対照表 ………………………………………………………… 97
損益計算書 ………………………………………………………… 99
貸借対照表と損益計算書の密接な関係 ……………………… 100
複式簿記の仕組み ……………………………………………… 103
具体例で確認する ……………………………………………… 103

② 儲けは一定期間で，資産は一定時点で測定する
なぜ一定期間と一定時点で測定するのか？ ……………… 105
利益計算の損益的アプローチと財産的アプローチ ……… 108
収益と費用の期間対応 ………………………………………… 109
具体例で確認する ……………………………………………… 111
対象期間に使った分を調査する …………………………… 112
一定のルールにあてはめて計算する …………………… 114

第8章 構成要素を知る(1)

① 森を形づくる木々に目を向ける
貸借対照表と損益計算書の構成要素 ……………………… 118

② お金に換えやすいもの換えにくいもの
流動資産と固定資産 …………………………………………… 119
「お金に換えやすさ」の程度を検証する ………………… 120

一年基準と営業循環基準 ……………………………… 121

その他の代表的構成要素 ……………………………… 122

貸借対照表のサンプルと実例 ………………………… 123

③ 元手にもいろいろある

流動負債と固定負債 …………………………………… 126

基本的な運用基準は資産サイドと同じ ……………… 127

その他の代表的構成要素 ……………………………… 128

純資産の構成要素 ……………………………………… 128

資本金とは？ …………………………………………… 130

法定準備金とは？ ……………………………………… 131

資本剰余金と利益剰余金とは？ ……………………… 132

さらに理解を深めたい人のために …………………… 133

第9章 構成要素を知る(2)

① 儲けにもいろいろある

企業の収益力を正しく伝える …………………………… 136

利益の階層構造 ………………………………………… 137

すう勢比較 ……………………………………………… 137

売上高はいつ計上する？ ……………………………… 138

売上原価と売上総利益（粗利益） …………………… 139

販売管理費と営業利益 ………………………………… 140

営業外損益と経常利益 ………………………………… 140

特別損益と税引前当期純利益 ………………………… 141

法人税・住民税および事業税と当期純利益 ………… 141

勘定式と報告式 ………………………………………… 142

損益計算書のサンプルと実例 ……………………… 142

② **言葉に慣れる**

基本を理解したらどんどん現物にあたる ………… 145

「言葉を覚える」のでなく「言葉に慣れる」 ………… 146

第10章 キャッシュ・フロー計算書

① **「キャッシュ・フロー計算書」**

財務諸表の３本目の柱 ………………………………… 148

現金増減の「原因」をわかりやすくまとめた表 ………… 148

② **キャッシュ・フロー計算書の基本構造**

シンプルな基本構造 ………………………………… 150

表示方法が２種類ある営業キャッシュ・フロー ………… 150

キャッシュ・フロー計算書のサンプルと実例 ………… 151

③ **キャッシュ・フロー計算書を読むポイント**

営業活動によるキャッシュ・フロー ………………… 155

投資活動によるキャッシュ・フロー ………………… 156

財務活動によるキャッシュ・フロー ………………… 156

フリー・キャッシュ・フローとは？ ………………… 156

「読む」だけであれば決してむずかしくない ………… 158

第11章 財務諸表を読んでみる

① **何が見たいのか？**

漠然と見るのでなく焦点を絞る ……………………… 160

② どこを見ればいいのか？

財務諸表のすべてを見る必要はない …………………… 162

大きく見てから小さく見る ………………………………… 162

長く見てから短く見る ……………………………………… 164

ヨコに見てからタテに見る ………………………………… 164

分析のための分析に陥らない ……………………………… 165

２つの着眼点 ………………………………………………… 166

③ 財務の安全性の検証ポイント

もっとも身近な検証ニーズ ………………………………… 167

資本構成が適当かどうか …………………………………… 167

財務構造が安定しているかどうか ………………………… 169

支払い能力があるかないか ………………………………… 172

④ 収益性の検証ポイント

元手（資本）との兼ね合いを忘れない …………………… 173

資本回転率と利益率の相乗効果がわかる ………………… 174

具体例で確認する …………………………………………… 175

資本回転率と利益率に分けて検証する …………………… 176

さまざまな応用が可能 ……………………………………… 177

ROEとは何か？……………………………………………… 178

⑤ 習うより慣れろ

机上の空論とならぬように ………………………………… 179

ひとつでも多くの現物にふれる …………………………… 179

あとがき ……………………………………………………… 181

改訂を終えて

財務諸表の果たす役割

この章では，財務諸表のおおざっぱなイメージ，果たす役割などについて解説します。

財務諸表のとっつきにくさ

⬤ ほとんどの人が食わず嫌い

財務諸表。馴染みのない人にはずいぶん堅苦しい言葉です。

「会社の業績を示す書類らしいが，なんとなくとっつきにくい。」

「昔から興味はあるけど，経理関係の仕事をしたことがないので自分には理解できないと思っている。」

「自分には縁がないと思っていたが，配属が変わって急に知る必要に迫られた。」

「若い頃は知らなくてもあまり不自由を感じなかったが，会社での地位が上がるにつれ徐々にふれる機会が増えてきた。」

「独立したいと思っているが，財務諸表のことがわからないので何となく不安だ。」

「財務諸表という言葉を聞いただけで，肩に力が入ってしまう。」

このように財務諸表に対するイメージは人によってさまざまです。しかし，実に多くの人が"食わず嫌い"ないし自分には縁遠いものと勝手に思いこんでいます。何となくとっつきにくいから，むずかしいものだと決めつけてしまっているのです。

「読む」だけならむずかしくない

　確かに「財務諸表」という表現には，どことなく堅苦しい感じがあります。これがとっつきにくさ，むずかしさを連想させるのかもしれません。また，本格的な財務分析をしたり学問的に追究していくのであれば，とても奥深いのも事実です。

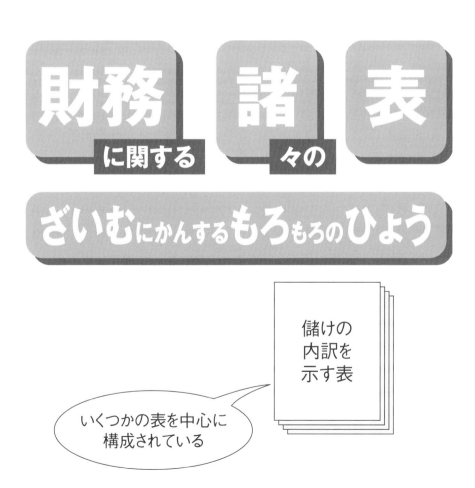

　ただし，一般の人が通常必要とされる範囲に限っていえば，実際にはそれほどむずかしいものではありません。経理部の一員としてこれを「作る」となれば簿記や税法をはじめ，さまざまな知識が必要となりますが，会社のおおよその内容を知るために「**読む**」だけであれば，**基本的な構造を理解するだけで充分**だからです。

　大切なのは**書式に慣れること**です。専門用語の正確な定義を覚えることではありません。基本的な構造を理解した上で，さまざまな会社の財務諸表をいくつも見ていれば，自然と書式に慣れいろいろなことを感じるようになるのです。そうなればしめたもの。視界は大きく広がります。同じ職場にいても，それまで見えなかったものが目に飛び込んでくるはずです。

　財務諸表は，「財務」・「諸表」という言葉のとおり**財務関係のいくつかの表を中心に構成**されています。主なものは，財産の状況を示す表と儲けの内訳を示す表です。この会社はいくらの元手を使ってどんな財産をいくらもっているのか。どのぐらい儲かっているのか，あるいは損しているのか。なぜそんなに儲かっているのか，あるいは損しているのか。こうしたことを**一定のルールに従って簡潔にまとめてい**ます。

● 「むずかしいもの」という
　先入観を捨てること

● まずは書式に慣れること
　最初から専門用語を覚えよ
　うとしないこと

● 基本構造を理解したらでき
　るだけ多くの現物を読んで
　みること

習うより慣れろ！

だれが利用するのか？

 さまざまな会社関係者

　財務諸表イコール経理関係の書類という具合に，財務諸表は一部の
ごく限られた人だけが利用するものと考えている人も少なくありませ
ん。しかし，現実には実にさまざまな人たちが財務諸表を利用してい
ます。

　ここで，株式会社を例に，会社を取り巻く利害関係者について考え
てみます。財務諸表が会社の財産状態や儲けの状況を示すデータであ
る以上，会社の利害関係者こそもっとも身近な利用者であるはずだか
らです。

　まず最初に頭に浮かぶのは，会社の所有者，オーナーです。株式を
上場していない中小企業であれば，経営者も兼ねている場合が少なく
ありません。財務諸表の作成責任は経営者にありますから，まず，自
分自身が会社の状況を把握し，経営判断に活かさなければなりません。

　株式を上場している大企業の場合は数多くの株主が所有者にあたり
ます。こうした人びとは，自分がその会社にお金を投資しているわけ
ですから，会社が儲かっているのか，配当は増えるのか，株価（企業
価値）につながる将来業績を現在の業績などを基にどう予想したらい
いのか，といったことが気にならないわけがありません。

　大企業の株主の場合，その多くは会社のオーナーになるという意識
より，投資の対象として投資効率の方に目がいっていますから，会社

の経営成績にはとても敏感です。

　会社の経営者が日々(ひび)の経営上の意思決定をするうえで，会社のおかれている状況を常に把握しておかねばならないことは言うまでもありません。

　会社で働く従業員はどうでしょう。生活の糧(かて)を会社から得ている以上，「自分が勤務する会社はどのくらい儲かっているのだろう」「今度の冬のボーナスは大幅にアップするだろうか」といったことが気になって当たり前です。経済の状況は引き続き厳しいことから，「自分の会社は大丈夫だろうか，倒産して職にあぶれるようなことはないだろうか」といった深刻なケースも少なくないでしょう。

会社の外にも利用者はたくさんいる

　会社の外部に目を転じても，そこには実に多くの利害関係者がいます。代表的なのは取引銀行です。あらためて言うまでもなく，皆さんの身近な経験から銀行との関係についてはご想像がつくと思います。とくに何らかの融資を受ける場合には，財務諸表の中身のみならず，経営者の資質や事業の概況等会社の隅ずみまで念入りに調べ上げられます。

　銀行以外にも会社にはさまざまな債権者がいます。たとえば会社が何か物を買った場合，その代金をすべて現金で支払うことはありません。請求書をもらって後日精算するケースが大半です。債権の額が大きい場合，後日支払いを受ける取引先は，販売先の会社から約束の期日に支払いを受けられるか，販売先の会社は予定どおり支払う能力があるか，といったことをあらかじめ調査します。

　物を買う側はどうでしょう。たとえば，工場の生産ラインで使う重要な部品を購入している仕入先があったとします。この会社に対しては，物を買う立場，すなわちお金を支払う立場だから，会社の内容を知る必要はないでしょうか。工場の生産ラインの重要な部品を購入している仕入先が，ある日突然倒産して部品の調達ができなくなったりしたら，工場の操業に大きな影響が出てしまいます。ですから，与信が生じない仕入先といえども，その経営成績には気を配（くば）らざるをえません。

　会社から税金を徴収する税務署も財務諸表の利用者です。会社が「節税」の名のもとに脱税まがいの経理処理をしていないか。税金の計算が正しく行われているか，といったことの確認のために財務諸表

は貴重な情報を提供します。

　このようにどの会社にもさまざまな利害関係者が存在し，その会社の内容を知る上での大切な情報源として財務諸表が利用されています。

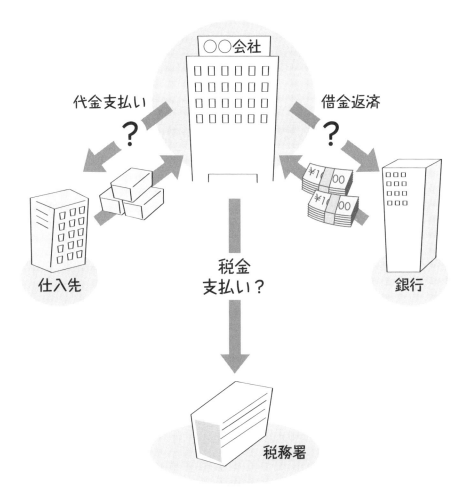

ビジネスの共通言語

本当のことを表示する重要性

　これまでの説明からもおわかりのとおり，財務諸表は会社を取り巻く利害関係者に貴重な情報を提供する最大の**コミュニケーション・ツール**です。

　この会社はいくらの元手を使って，どんな資産をいくらもっているのか。どのぐらい儲かっているのか，あるいは損しているのか。財務諸表は，こうしたことを一定のルールに従って簡潔に表します。

　一定のルールは昔からの慣行や会計基準で定められたもので，「ビジネスの共通言語」といえるものです。

　したがって，財務諸表を見れば予備知識のまったくない会社でも，その会社がどんなビジネスをしているのか，おおよその見当がつきます。

　財務諸表はその会社にとって**私的な内部資料**であると共に，**社会的な制度としての性格**を併せもっているのです。したがって，当該企業のオーナー経営者の経営上の意思決定のために有用であるだけでなく，**その財務諸表が利害関係者（外部株主・債権者・金融機関など）の意思決定のためにも有用である**ことが重要になります。企業会計原則の一番最初に謳われているのは「真実性の原則」です。財務諸表に「本当のことを書きなさい」ということです。

　もともと財務諸表は内部情報を外部にさらすものです。会社の現状

を見せることで出資や融資や新しい取引が可能になったりします。

　そのときに経営者には少しでも会社をよく見せたいという潜在的な思い（バイアス）があるのです。すぐに新聞記事になるような粉飾決算に走るわけではありません。一方で節税等のために利益額を圧縮して表示したいという欲求もあります。仮に会社の側に作為がなかったとしても，重大な誤りが生じることもありえます。多くの利害関係者が利用する以上，そこに真実といえるものが書かれていなかったら，利害関係者とのコミュニケーションが成立しないことになるからです。

みんなが同じルールで作る

　財務諸表が共通言語によっている以上，この他にもさまざまな決まりごとがあります。

　財務諸表は，会社の幅広い経済活動を数字として認識し，測定し，記録するものですが，その認識の仕方，測定の仕方，記録の仕方が会社によってバラバラであれば利用価値はなくなってしまいます。

　たとえば，会社が資産を買った場合，その評価をどのようにするのか。買ったさいの価格で記録するのか，現時点での時価で記録するのか。

　この記録の仕方が個々の会社ごとにまちまちだったら，共通言語としての利用価値はとても小さくなってしまいます。土地を購入した場合も，コンピュータを購入した場合もまったく同じです。共通の評価基準なり測定基準が必要となるのです。

　このように，財務諸表がもつ社会的な性格ゆえに，そこには「本当のことを，共通のルールで表示しましょう」という前提があるわけです。

第2章

手っとり早く全体像をつかむ(1)

この章では，身近な事例を使って財務諸表の具体的イメージを体感し，手っとり早く全体像をつかみます。

身近な事例で具体的な イメージをつかむ

財務諸表が作られる過程を体感する

　第1章では財務諸表のおおざっぱなイメージ，果たす役割について説明しました。この章ではもう少し具体的な形で財務諸表全体のイメージをつかんでいただきます。

　ここでは大学卒業後15年間勤務した会社の希望退職制度に応じて，割増退職金を手に退職した主人公が登場します。高橋君です。この高橋君が退職金を元手に中古車販売業をはじめるという設定で，会社設立からの流れを追っていきます。

　「まえがき」でも説明したとおり，本章および次章は，会計にまったく馴染みのない方のための導入部分です。日常のやりとりが会計上どのように処理され，その積み重ねがどのように損益計算書や貸借対照表に反映されていくか，という過程を体感していただくため，似たような説明をしつこいぐらい繰り返しています。したがって，若干でも会計処理の基本をご存じの方は，「くどい」とお感じになるでしょう。

　そうした方は，本章および次章を飛ばしてお読みいただいても結構です。第4〜5章は，本章および次章の内容を専門用語に置き換えて解説していますので，「しつこい」「くどい」と感じる度合いに応じてご判断ください。

株式会社Ｔ＆Ｔの設立

● 会社を作るとどうなるか？

　退職後の2024年4月1日，高橋君は退職金のうち1,000万円を円角銀行に預金し，株式会社Ｔ＆Ｔを設立しました。

　まず手はじめにこの状態を，財務諸表のうち「財政状態を示す表のイメージ」で書いてみます。

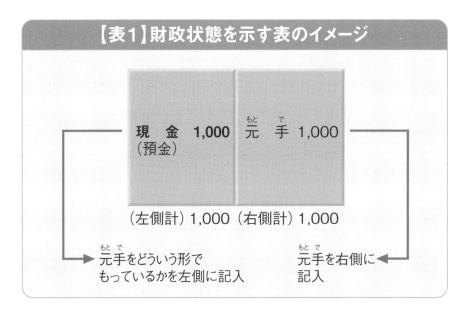

【表1】財政状態を示す表のイメージ

　財政状態の意味については後から正確な説明を加えます。ここでは，財政状態を示す表の上においては元手(もとて)を右側に，その元手(もとて)をどういう形でもっているかを左側に書くこと，左側（現金）は右側（元手(もとて)）を具体的な形に置き換えただけなので左右の金額が一致することだけを頭に入れておいてください。

● オフィス机や椅子を買うとどうなるか？

> 　３日後の2024年４月４日，高橋君は会社で使用する机と椅子，そして書類整理のための書棚を，30万円の現金払いで購入しました。

　この机等は会社の業務で使用するためのものであり，高橋君の個人資産とは明確に区別し，会社の資産として認識します。資産とは，会社にとって価値を生み出す経済的資源です。この時点で株式会社Ｔ＆Ｔの財政状態がどう変化しているかを，先ほどの「財政状態を示す表のイメージ」で表現すると次のようになります（机等をまとめて備品(びひん)とします）。

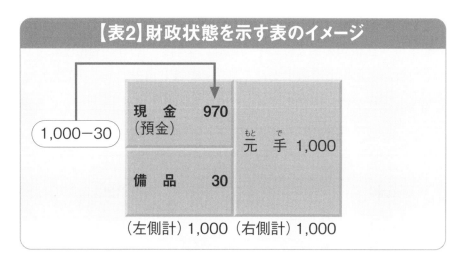

【表2】財政状態を示す表のイメージ

現　金　970
（預金）

1,000−30

備　品　30

元　手 1,000

（左側計）1,000 （右側計）1,000

　この時点で右側の元手の額は1,000万円のまま変わりませんが，元手のもち方が変化しています。備品を購入したために現金が30万円減る一方，備品という新しい資産項目が左側に加わっています。つまり，この段階では1,000万円の元手を現金970万円と備品30万円という形で保有しているわけです。ただし，元手のもち方が変わっただけですから，左右それぞれの合計金額は変わらず，左右の合計金額は一致しています。

 文房具を買うとどうなるか？

　翌日の2024年４月５日，高橋君は会社で使用する筆記具や便箋・封筒などの消耗品を，現金20万円で購入しました。

　この消耗品も先ほどの備品と同様に会社の業務で使用するためのものであり，高橋君の個人資産とは明確に区別し，会社の資産として認識します。この時点で株式会社Ｔ＆Ｔの財政状態がどう変化しているかを示したのが次の図です。

【表3】財政状態を示す表のイメージ

970−20

現　金　950
（預金）

備　品　30

消耗品　20

元　手　1,000

（左側計）1,000　（右側計）1,000

　この時点でも右側の元手の額は1,000万円のまま変わりません。しかし，元手のもち方は消耗品の購入により変化しています。消耗品購入のために現金を20万円使っていますから現金の残高は950万円に減少する一方，消耗品という新たな資産項目が左側に加わっています。ただし，**元手のもち方が変わっただけですから，左右それぞれの合計金額は変わらず，左右の合計金額は一致**しています。

　実際の会社設立にはこの他にもさまざまな手続きが必要ですが，ここでは財務諸表の全体像を手っとり早くつかむことが目的ですので次のステップに進みます。

　中古車を仕入れて売りました

● 商品を仕入れるとどうなるか？

　2024年4月10日，大学時代の友人から中古車を売りたいとの連絡を受け，高橋君は株式会社Ｔ＆Ｔとして30万円の現金でこれを買いました。中古車販売業の株式会社Ｔ＆Ｔとしては，はじめての商品仕入れです。

　この時点での株式会社Ｔ＆Ｔの「財政状態を示す表のイメージ」は，以下のとおりです。

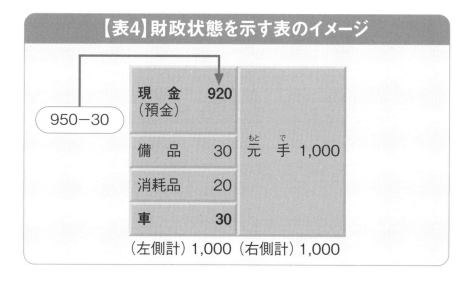

【表4】財政状態を示す表のイメージ

現　金（預金）　920	
備　品　30	元　手　1,000
消耗品　20	
車　30	

950−30

（左側計）1,000　（右側計）1,000

　この時点でも右側の元手の額は1,000万円のまま変わりません。しかし，元手のもち方は車の購入により変化しています。車購入のために現金を30万円使っていますから現金の残高は920万円に減少する一方，車という新たな財産項目が左側に加わっています。ただし，元手のもち方が変わっただけですから，左右それぞれの合計金額は変わらず，左右の金額は一致しています。

 ## 商品が売れるとどうなるか？

> 　友人から買った車が１週間後の2024年４月17日に100万円で売れました。売上の100万円は車と引き替えに現金で入金しました。

　この時点での財政状態を示す表のイメージは，以下のとおりです。

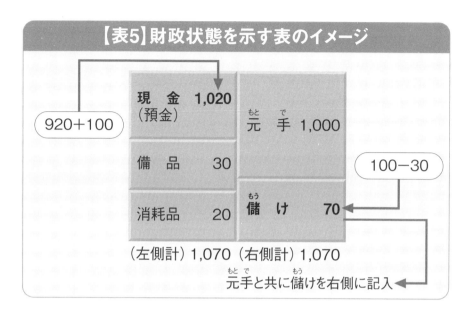

【表5】財政状態を示す表のイメージ

現　金　1,020（預金）	元　手　1,000
備　品　30	
消耗品　20	儲　け　70

920＋100

100－30

（左側計）1,070　（右側計）1,070

元手と共に儲けを右側に記入

　この時点でも右側の元手の額は1,000万円のまま変わりません。しかし，元手のもち方は車の販売により変化しています。車を販売したために車という資産項目が左側から消える一方，売上を現金で100万円入金した分，現金の残高は1,020万円に増えています（920＋100＝1,020）。

　この段階で元手を示す右側に儲けという新しい項目が現れています。これは30万円で仕入れた車を100万円で販売したさい得られた儲けです（100－30＝70）。では，なぜこの儲けが右側に現れるのでしょう。この理屈は後で説明しますが，ここでは「元手が儲けによって増えた」と考えておいてください。大切なのは，この段階でも**左右それぞれの合計金額は変わらず，左右の合計金額は一致している**点です。

損益を示す表のイメージ

　財務諸表には財政状態を示す表とは別に，**会社の儲け（や損失）を
まとめて示す表**があります。ここでは**損益を示す表**と呼んでおきます。
この表のイメージで今回の車の売買を表すと次図のようになります。

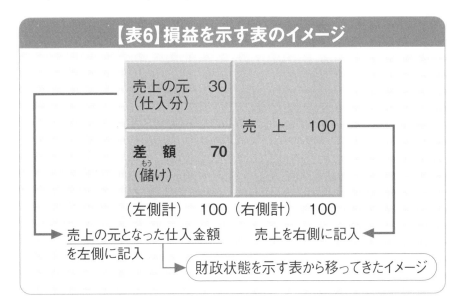

【表6】損益を示す表のイメージ

売上の元　30 (仕入分)	売　上　100
差　額　70 (儲け)	
（左側計）100	（右側計）100

売上の元となった仕入金額を左側に記入
売上を右側に記入
財政状態を示す表から移ってきたイメージ

　理屈は後で説明します。ここでは**売上を右側に，その売上の元と
なった仕入の金額を左側に書くこと，その差額を金額の小さい側に加
えて左右を均衡させる**ことだけを頭に入れておいてください（この場
合，売上の元となった仕入分30の方が売上100より小さいので，その
差額70を小さい方の左側に記入しました）。

　なお，売上の元となった仕入金額は，**財政状態を示す表から移って
きたイメージ**で理解しておいてください。

損をするとどうなるか？

　先の表からおわかりのとおり，左右の金額の差額は**儲けが出る場合**
には左側に，損が出る場合には右側に書きます。試しに車が20万円で
しか売れなかった場合を想像してください。この場合，次に示す表の
とおり差額が右側に現れます（右側に書かないと左右が均衡しません）。

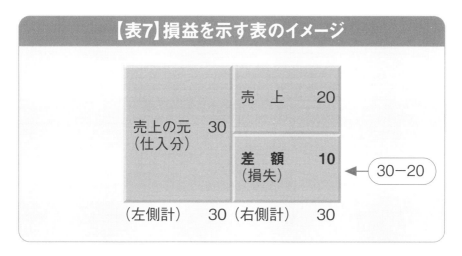

【表7】損益を示す表のイメージ

	売　上　　20
売上の元　30（仕入分）	差　額　　**10**（損失）　◀ 30−20
（左側計）　30	（右側計）　30

　この差額は，財政状態を示す表と損益を示す表では左右反対に現れ
る点にも注意を払って，次の２つの表を見比べてください。車が100
万円で売れた場合の利益70万円は，財政状態を示す表【表５】では右
側に現れているのに対し，損益を示す表【表６】では左側に現れてい
ます。

24

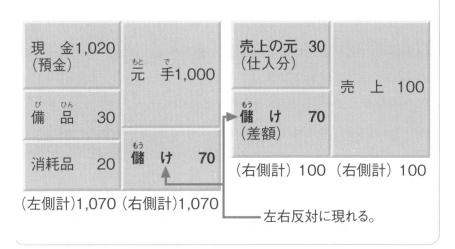

従業員を雇いました

 ## 社員を雇うとどうなるか？

> 高橋君は株式会社Ｔ＆Ｔとして，自分が営業のために外出する間の電話番と事務作業用に事務員を１名雇うことにしました。
>
> この事務員は４月20日より出社，当面は研修期間として日給１万円を月末に支払います。

これは財政状態を示す表でどう表わされるでしょうか。

「企業は人なり」，「人材は会社にとっての貴重な資産」という言葉があるとおり，財政状態を示す表の上に載せるべきもののようにも思えます。しかし，資産として載せるのであれば，いくらの資産とすべきでしょうか？

結論から言うと，財政状態を示す表の上には載せません。企業の経営資源という意味では，人は会社にとっての貴重な資産ですが，会計上の資産としての認識はしません。では会計上どのように処理されるのか？ 電気代や水道料金等の光熱費，あるいは電話やファックス料金などの通信費と同様，**支払った給料分を費用として認識します**。つまり，**損益を示す表の上に表示**します。

具体的には次頁のとおりです。ここでは，新たに雇った事務員に対

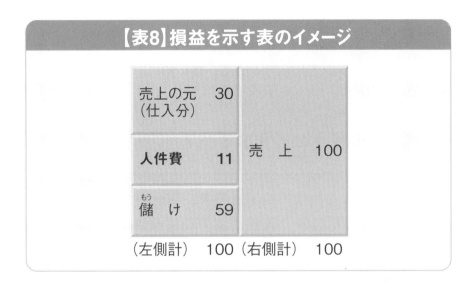

【表8】損益を示す表のイメージ

売上の元 30 (仕入分)	売　上　　100	
人件費 11		
儲　け 59		
（左側計）　　100	（右側計）　　100	

して４月末までに現金で支払った給料合計が11万円だったとします。

　売上を右側に，その売上の元となった仕入金額を左側に書くのは先に説明したとおりです。**費用である人件費は，売上の元と同じように左側へ記入**します。ここで左右それぞれの合計金額を見比べると，右側は売上の100，左側は売上の元30と給与11を合わせて41。差額は左側に59出ることがわかります。つまり売上より売上を上げるために要した仕入および費用の方が小さいので差額の分だけ儲けが出ています。

⚫ 財政状態を示す表はどう変わるか？

　さて，人件費は財務諸表の財政状態を示す表には載らず，損益を示す表に載せることがわかりました。では，人件費の支払いは財政状態を示す表に何の影響も及ぼさないのでしょうか。

　答えはノーです。人件費11万円は現金で支払われたのですから，その分だけ会社の現金は減っているはずです。次の表を見比べてください。

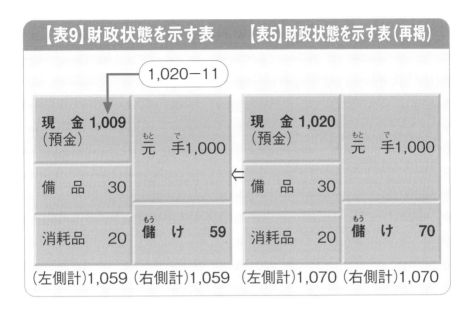

　人件費という項目が財政状態を示す表の上に現れこそしないものの，現金の残高は【表5】に比べ支払った人件費11万円の分だけ減っています。また，儲けも人件費の支払いを想定していない【表5】のケースに比べ，支払った人件費11万円の分だけ減っています。ただし，**左側も右側も11万円ずつ減っているため，左右の合計金額は一致しています。**

　また，ここでも**差額である儲け（59）は，財政状態を示す表と損益を示す表とで左右反対に現れている**ことを次の図で再確認してください。このように財政状態を示す表と損益を示す表は，**相互に密接な関係をもっています。**

光熱費や通信費を払うとどうなるか？

　損益を示す表と財政状態を示す表の関係にもう少し慣れていただくため，株式会社Ｔ＆Ｔの４月中の光熱費と通信費がそれぞれ２万円，３万円で，これらを月末に現金で支払ったとします。この場合，同社の４月の損益を示す表と財政状態を示す表はどのように変化するでしょう。

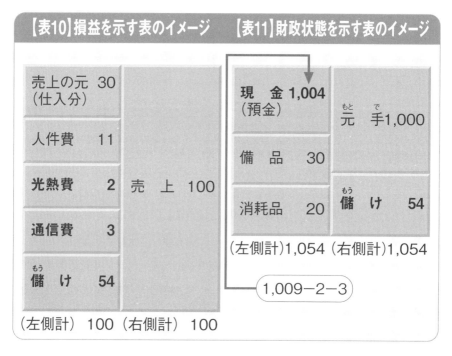

【表10】損益を示す表のイメージ　　【表11】財政状態を示す表のイメージ

売上の元 30（仕入分）	
人件費 11	
光熱費 2	売 上 100
通信費 3	
儲け 54	

（左側計）100 （右側計）100

現　金 1,004（預金）	元　手 1,000
備　品 30	
消耗品 20	儲　け 54

（左側計）1,054 （右側計）1,054

1,009−2−3

　これら２つの表を，次に再掲する【表8】および【表9】と比べてみてください。

　【表10】では，儲けを計算するさい光熱費２および通信費３が，人件費と同じように左側に表示され，その分（5）だけ儲けが減ってい

ます。

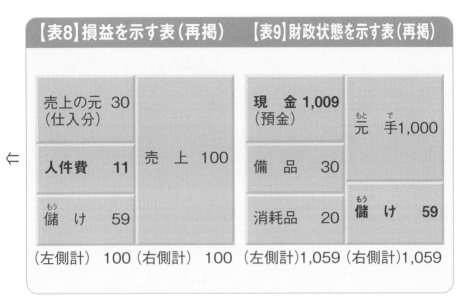

　【表11】では，会社の資産のうち現金が，光熱費2と通信費3を払った分だけ減っています。同様に，右側の儲けもその分（5）だけ減っているため，相変わらず左右の合計金額は一致しています。また，ここでも儲けは，財政状態を示す表と損益を示す表とで左右反対に現れています。

手っとり早く全体像をつかむ(2)

この章では，前章に引き続き身近な
事例を使って，手っとり早く財務諸
表の全体像をつかみます。

借金をして土地を買いました

◯ 借金をして土地を買うとどうなるか？

> 仕入れた車を置いて見せるスペースを確保するため，高橋君は株式会社Ｔ＆Ｔとして銀行から500万円を借金し，700万円の土地を購入しました。土地の代金は即座に現金で支払いました。

　この土地は会社の運営のために購入したものであり，高橋君の個人財産とは明確に区別し，会社の財産として認識します。銀行からの借金についても，会社の運営のために行ったものであり，高橋君の個人債務とは明確に区別し，会社の債務として認識します。この時点で株式会社Ｔ＆Ｔの資産の状態がどう変化しているのかを，【表12】で見ましょう。

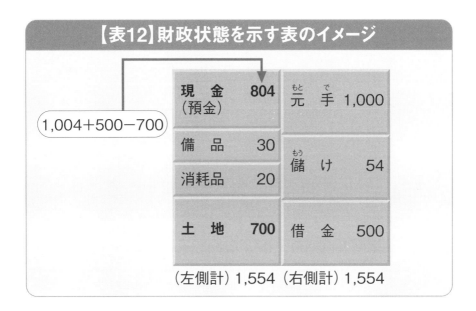

【表12】財政状態を示す表のイメージ

現　金 （預金）	804	元　手	1,000
備　品	30	儲　け	54
消耗品	20		
土　地	700	借　金	500

1,004＋500－700

（左側計）1,554 （右側計）1,554

　購入した土地を左側に加える点については，これまでの説明でご理解いただけると思います。

　しかし，借金を右側に足す点については理解しにくいかもしれません。借金も元手の一部と考えていいのか？　仮に元手の一部なら，なぜ「元手」としてまとめて表示しないのか？　これには訳があるのですが，この時点では取りあえず「**借金して作ったお金も元手の一部と見なすが，自分のお金による元手と分けるため別表示している**」と理解しておいてください。ただし，この時点でも**左右それぞれの合計金額は一致**しています。【表11】と比べ，現金は500万円の借金により1,004万円からいったん1,504万円に増えますが，土地を購入するさい現金700万円を支払っているので最終的には804万円に減っています。

【表11】財政状態を示す表（再掲）

現　金　1,004 （預金）	元　手　1,000
備　品　　30	
消耗品　　20	儲　け　　54

（左側計）1,054　（右側計）1,054

◯ 元手をどう調達し，それをどう運用するか？

　ここで右側の構成要素を整理してみます。これまで**右側の欄に現れた構成要素は3種類**ありました。ひとつは**自分のお金を元手にした分**，2つ目は**元手を使って商売した結果増えた儲け分**，そして3つ目が**借金して作った元手分**です。これらはいずれも大切な元手の構成要素です。ただし，**性格が異なるため必ず分けて表示します。**

　また，ここまでは「右側で元手を，左側でその元手をどういう形でもっているかを示す」と書いてきましたが，ここからはもう少し幅広いイメージでそれぞれをとらえてみてください。**右側で「会社がどのようにお金を調達したか（お金の出どころ）」を示し，左側で「調達したお金をどのように運用しているか（使っているか）」を示している**というイメージです。こうすると先の例で，借金を右側に表示する

ことに違和感が少なくなるはずです。

　自分のお金を元手にした調達分，元手を使って儲けた調達分，借金して調達した分，というイメージです。

「掛け」で売買しました

● 商品を掛けで仕入れるとどうなるか？

　これまでは，売上があった場合も支払いがあった場合も，即座に現金で入金ないし支出するケースを取り上げてきました。しかし，現実には必ずしもすべてを現金でやりとりするわけではありません。むしろ掛けで売り買いする方が大半です。

　ここでは，こうした掛けでの売り買いが財務諸表にどう表示されるかを説明します。

> 　株式会社Ｔ＆Ｔは，２台目の車を2024年４月20日に50万円の掛けで仕入れました。代金は月末の４月30日に銀行振り込みで支払う予定です。

　この場合，株式会社Ｔ＆Ｔの財政状態を示す表は４月20日時点で次のようになります。

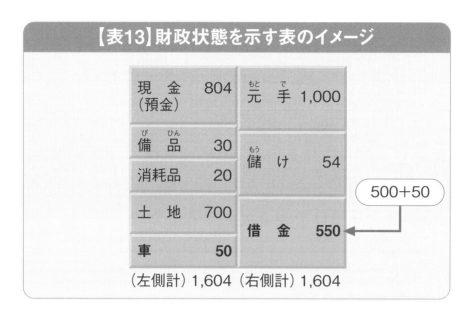

【表13】財政状態を示す表のイメージ

現　金 （預金）	804	元手 1,000	
備品	30	儲け 54	
消耗品	20		
土　地	700	借　金 550	← 500+50
車	50		

（左側計）1,604　（右側計）1,604

「**調達したお金をどのように運用しているか**」を示す左側に車が表示される点は，これまでの説明でご理解いただけるはずです。問題は掛けで仕入れた50万円の扱いです。

　このことを説明する前に，「掛けで物を買うという商行為が，現実にどのような意味をもつのか」を考えてみます。掛けで物を買うということは，実際にはお金を払っていないのに物を手にすることです。

　「いついつまでに払います」という約束だけで買いたい物を手にするわけです。ということは，売った側からすれば，物を売った日から実際にお金をもらう日まで相手にお金を貸しているのと同じことであり，**買った側からすれば，その期間お金を借りているの**と同じことになります。

　したがって，掛けで物を仕入れたり買ったりした場合，財務諸表の上では「相手に対して借金をした」という扱い，つまり「**借金をして**

お金を調達した」と扱います。

　このため，掛けで仕入れた車の代金50万円は，「会社がどのようにお金を調達したか」を示す右側に，借金として表示されます。【表12】の段階で500万円あった借金が550万円に増えたことになり，借金の残高550万円が右側に表示されています。

　なお，ここでも左右の合計金額はそれぞれ1,604万円で一致しています。

商品を掛けで売るとどうなるか？

> 　2024年4月22日，株式会社Ｔ＆Ｔは，4月20日に仕入れた車を近所で八百屋を営む加藤さんに150万円で売りました。ただし，今回は現金販売でなく掛け販売であり，代金は月末の4月30日に入金予定です。

　今度は逆のケース，すなわち「掛けで物を売る」場合です。掛けで物を仕入れる場合の逆を考えればいいわけですから，おおよその想像はつくはずです。

　念のため「掛けで物を売る」という商行為の意味についても確認してみましょう。掛けで物を売るということは，実際にはお金をもらっていないのに物を相手に渡してしまうことです。「いついつまでに払ってもらう」という約束だけで物を相手に渡すわけです。ということは，**売った側からすれば，物を売った日から実際にお金をもらう日まで相手にお金を貸している**のと同じことです。

　したがって，掛けで物を売った場合，財務諸表上では「相手に対し

てお金を貸した」という扱い，つまり「**調達したお金を貸付という形で運用している**」と扱います。

このことを株式会社Ｔ＆Ｔの例で具体的に見てみましょう。4月22日時点での株式会社Ｔ＆Ｔの財政状態を示したのが【表14】です。

【表14】財政状態を示す表	【表13】財政状態を示す表（再掲）

現 金 804 （預金）	元 手1,000	現 金 804 （預金）	元 手1,000
備 品 30	儲 け 154 ⇐	備 品 30	儲 け 54
消耗品 20		消耗品 20	
土 地 700	借 金 550	土 地 700	借 金 550
貸 付 150		車 50	
（左側計）1,704	（右側計）1,704	（左側計）1,604	（右側計）1,604

【表14】を【表13】（再掲）と比べてください。

まず左側の欄についてです。今回は掛けでの販売ですから現金の残高は増えません。【表13】と同じく804のままです。車は相手に引き渡しましたから，【表13】の左側にあった「車　50」が【表14】では消えています。その代わり【表14】の左側に販売した相手に対する貸しを示す「貸付　150」が表示されています。

次に右側の欄についてです。【表13】と比べ，「儲け」が100万円増えて（154万円）います。

現金が入ってこないのに元手が増える不思議

ところで，財政状態を示す表の**右側**は「会社がどのようにお金を調達したか」を表しています。では，このやりとりで会社はどのようなお金を調達したことになるのでしょう。これを考えるには，ここで損益を示す表に登場ねがう必要があります。

【表15】損益を示す表		【表10】損益を示す表（再掲）	
売上の元 80 （仕入分）		売上の元 30 （仕入分）	
人件費 11	売上 250 ←	人件費 11	売上 100
光熱費 2		光熱費 2	
通信費 3		通信費 3	
儲け 154		儲け 54	
（左側計）250	（右側計）250	（左側計）100	（右側計）100

【表15】を【表10】（再掲）と見比べてください。

今回のやりとりでは，50万円で仕入れた車を150万円で販売したので，差額の100万円が儲けとなることは容易に想像がつくはずです。この表でもご想像のままの変化，すなわち売上の元が30万円から80万円に増える一方，売上は100万円から250万円に増えています。結果として，儲けが差額の100万円分だけ増えて154万円になっています。

　つまり，会社はこのやりとりで100万円の儲けの分だけお金を調達したことになるのです。それが，【表14】の財政状態を示す表の右側「儲けによるお金の調達分の合計154万円」です。

　ここで注意したいのは，このケースのように**実際には現金が手元に入ってこなくても，会計上はお金を調達したことになる場合がある**ということです。この段階ではまだ若干わかりにくいかもしれませんが，財務諸表に慣れるに従って徐々にわかるようになります。いまひとつピンとこない方も心配せずに読み進んでください。

約束どおり入金がないとどうなるか？

> 　2024年４月30日になって加藤さんから電話で，「この日払う予定だった150万円が工面できないため，５月15日まで待ってほしい」との連絡がありました。株式会社Ｔ＆Ｔの社長である高橋君は，やむなくこれを了承しました。ただし，４月20日に掛けで仕入れた50万円の車の代金は，予定どおり４月30日に支払っています。

　これも現実の商売ではありがちです。この場合，会計上の処理はどのように行われるのでしょうか？

　まず，入金予定だった売上金額が予定どおり入らなかった部分についてです。これを考えるにあたり，まず予定どおり売上金額が入金された場合の処理を考えてみます。【表16】をご覧ください。仮に４月30日に150万円が予定どおり入金された場合は，貸付の150万円が消

えて現金が150万円増えるわけですから，この表のイメージになるはずです。貸していたお金を返してもらう感じです。「**調達したお金をどのように運用しているか（使っているか）**」を示す左側の内訳が変わっただけですから，左側の中身を入れ替えれば済んでしまいます（このやりとりはお金の調達に関係しないため，右側はまったく変わりません）。

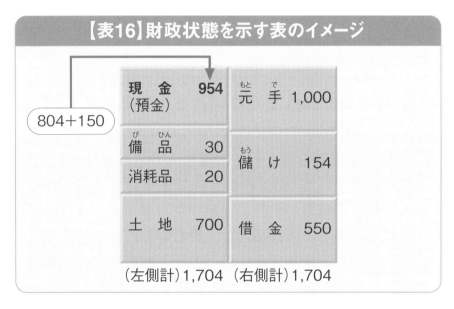

【表16】財政状態を示す表のイメージ

現　金（預金）	954	元　手	1,000
備　品	30	儲　け	154
消耗品	20		
土　地	700	借　金	550

804＋150

（左側計）1,704　（右側計）1,704

　ただし，このケースでは予定どおりお金を入金できなかったわけですから，左側の内訳も【表14】とまったく変わらないことになります。

● 約束どおり払った分はどうなるか？

　次に，掛けで仕入れた車の代金を予定どおり支払った部分についてです。ここまでの説明が理解できていれば，この点はさほどむずかし

くないはずです。掛けで仕入れたさいの借金を返済したイメージですから，【表14】の時点から右側の借金を返済した分だけ減って，左側の現金も同じだけ減ります。【表17】をご覧ください。右側の借金欄が50万円減って，左側の現金欄も同じように50万円減っています。左右ともに同額ずつ減っていますから，**左右それぞれの合計金額は1,654万円で一致しています。**

【表17】財政状態を示す表		【表14】財政状態を示す表（再掲）	
現　金（預金）　754	元 手1,000	現　金（預金）　804	元 手1,000
備　品　　30	儲　け　154 ←	備　品　　30	儲　け　154
消耗品　　20		消耗品　　20	
土　地　700	借　金　500	土　地　700	借　金　550
貸　付　150		貸　付　150	
（左側計）1,654 （右側計）1,654		（左側計）1,704 （右側計）1,704	

● 儲けの計算と現金の動きの違い

ところで，今回のやりとりは損益を示す表にどんな影響を及ぼすのでしょう？

結論から言えば，損益を示す表は何も変化しません。

つまり【表15】（40頁）のままです。改めて【表15】をご覧ください。

ここには，今回売買の対象となった仕入の分も売上の分も含まれています。

つまり，儲けの計算は代金の受け渡しとは無関係なのです。代金の決済が実際に完了しようがしまいが，売買した商品の受け渡しが発生したら儲けの計算には組み込まねばならないのです。

先ほど実際には現金が手元に入ってこなくても，会計上はお金を調達したことになる場合があると言いましたが，儲けの計算は実際のお金の受け渡しとは無関係に行われるのです。

したがって，このケースのように計算上100万円の儲けが出た場合でも，手元の現金が必ずしも100万円増えているとは限りません。この場合には，月末の時点で逆に50万円減っています（仕入代金は予定どおり月末に50万円現金で支払う一方，販売代金の150万円は予定どおり月末に受け取れなかったため）。

「黒字倒産」といって，計算上は儲けが出ているにもかかわらず，実際には手元に計算上の儲けほどお金がないため倒産するケースがあるのは，このためです。それゆえ「いくら儲かっているか」という計算と同じくらい，「実際のお金の出入り」の管理が重要になるのです。『資金繰り』という言葉を聞いたことがあると思いますが，これはこうしたお金の出入り管理を指します。

もう少し本格的に
輪郭をつかむ(1)

この章では，これまでのやりとりを
専門用語に置き換えて，もう少し本
格的に財務諸表の輪郭をつかみます。

これまでのやりとりを 専門用語に置き換える

● 自分の身の丈に合った活用方法を！

　この章ではもう少し本格的に財務諸表の輪郭をつかむことを目指します。具体的には，第2章〜第3章のストーリーに従って，そのやりとりを専門的な会計用語に置き換えていきます。こうすることによりそれぞれの専門用語や会計的な言い回しに慣れると共に，その意味を実感してもらうのが目的です。みなさんの頭のなかにはすでに第2章〜3章のあらましが入っていますから，その筋書きを会計用語でひとつひとつ確認していくイメージです。

　「まえがき」や第2章での勧めに従って，この章から読みはじめる方もいるはずです。会計処理の基本にある程度馴染みのある方です。そうした方は，本章以降の解説ではわかりにくい場合のみ第2章〜3章に立ち戻って，該当箇所をお読みください。本章および次章における「株式会社T＆Tの設立」は第2〜3章とまったく同じですから，該当箇所の検索はこの設例を目安にすれば簡単にできるはずです。

　第2章〜第3章をお読みになった方は，その内容を会計用語に置き換えながら確認していく作業になります。「くどい」「もうわかったから勘弁してくれ」とお感じになったら，途中を飛ばして第6章へ進んでいただいて結構です。では，さっそくはじめましょう。

株式会社Ｔ＆Ｔの設立

 会社を作るとどうなるか？

> 退職後の2024年4月1日，高橋君は退職金のうち1,000万円を円角銀行に預金し，株式会社Ｔ＆Ｔを設立しました。

　第2章では，この状態を財務諸表の「**財政状態を示す表**」のイメージで表現しました。この章では，この状態を財務諸表の「**貸借対照表**」という表に置き換えます。個人のお金のうち会社の資金として分離した分を，第2章では元手と表現しました。会計用語ではこれを「**資本金**」と呼びます。第2章では「財政状態を示す表の右側で元手を，左側でその元手をどういう形でもっているかを示すイメージ」と説明しました。第3章では，これを「**表の右側で会社がどのようにお金を調達したか（お金の出どころ）**を，**左側で調達したお金をどのように運用しているか（使っているか）を示す**」という説明に進化させました。

　この例で言えば「会社がそのオーナーである高橋君から1,000万円の資金を調達した」わけです。あらっぽい言い方になりますが，この段階では**オーナーからの資金調達＝**「**資本金**」と考えておいてください。

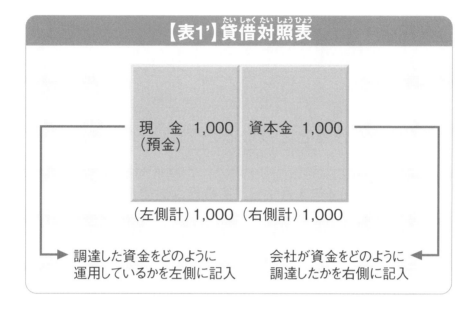

【表1'】貸借対照表

現　金　1,000
（預金）

資本金　1,000

（左側計）1,000　（右側計）1,000

調達した資金をどのように
運用しているかを左側に記入

会社が資金をどのように
調達したかを右側に記入

● オフィス机や椅子を買うとどうなるか？

　3日後の2024年4月4日，高橋君は会社で使用する机と椅子，そして書類整理のための書棚を，30万円の現金払いで購入しました。

　この机等は会社の業務で使用するためのものであり，高橋君の個人資産とは明確に区別し，会社の資産として認識します。この時点での株式会社Ｔ＆Ｔの財政状態の変化を貸借対照表で示すと，次頁のようになります（机等をまとめて備品と呼ぶのは会計上でも同じです）。

　この段階で新たな資金調達はありませんから，右側は1,000万円のまま変わりません。しかし，資金の運用方法には変化が生じています。

備品を購入したため現金が30万円減る一方，備品という新しい資産項目が左側に加わっています。

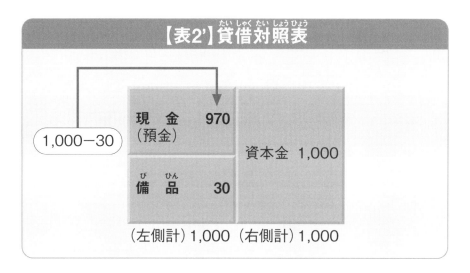

【表2'】貸借対照表

つまり，この段階では資本金として調達した1,000万円の資金を，現金970万円と備品30万円という形で保有している（運用している）わけです。ただし，**運用方法が変わっただけですから，左右それぞれの合計金額は変わらず，左右の合計金額は一致しています。**

🔵 文房具を買うとどうなるか？

　翌日の2024年4月5日，高橋君は会社で使用する筆記具や便箋・封筒などの消耗品を，現金20万円で購入しました。

　この消耗品も備品と同様に会社の業務で使用するためのものであり，高橋君の個人資産とは明確に区別し，会社の資産として認識します。この時点での株式会社Ｔ＆Ｔの財政状態の変化を貸借対照表で示したのが次の図です（筆記具や便箋・封筒などを消耗品と呼ぶのは会計上も同じです）。

【表3'】貸借対照表

970－20	
現　金 950 （預金）	資本金 1,000
消耗品 20	
備　品 30	
（左側計）1,000	（右側計）1,000

　この段階でも**新たな資金調達はありませんから，右側は1,000万円のまま変わりません**。しかし，**資金の運用方法には変化が生じています**。消耗品購入のため現金が20万円減る一方，消耗品という新しい資産項目が加わっています。

　つまり，この段階では資本金として調達した1,000万円の資金を，現金950万円，消耗品20万円，備品30万円という形で保有している（運用している）ことになります。ただし，**運用方法が変わっただけですから，左右それぞれの合計金額は変わらず，左右の合計金額は一致しています**。

中古車を仕入れて売りました

● 商品を仕入れるとどうなるか？

> 　2024年４月10日，大学時代の友人から中古車を売りた
> いとの連絡を受け，高橋君は株式会社Ｔ＆Ｔとして30万
> 円の現金でこれを買いました。中古車販売業の株式会社
> Ｔ＆Ｔとしては，はじめての商品仕入れです。

この時点での株式会社Ｔ＆Ｔの貸借対照表は以下のとおりです。

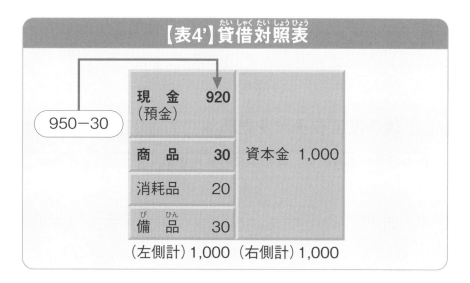

【表4'】貸借対照表

現　金 （預金）	920	資本金 1,000
商　品	30	
消耗品	20	
備　品	30	
（左側計）1,000		（右側計）1,000

950−30

　この段階でも**新たな資金調達はありませんから，右側は1,000万円**のまま変わりません。しかし，**資金の運用方法には変化が生じています**。車購入のため現金が30万円減る一方，車という新しい財産項目が左側に加わるはずです。

　「加わるはず」と書いたのは，貸借対照表からわかるとおり，実際には車の代わりに「**商品**」という**資産項目**が表示されています。第2章では読者に手っとり早く全体像をつかんでもらうことを優先し，ここで専門用語を使うのを避けました。

　株式会社Ｔ＆Ｔにとっての中古車のように，会社が**販売を目的に仕入れる物を，会計上は「商品」と呼びます**。八百屋さんが仕入れる大根も人参もトマトもみんな「商品」です。先ほどの例にあった便箋や封筒も，文房具屋さんにとっては「商品」となります。

　ところで，「商品」に限らず，貸借対照表に現れるさまざまな構成要素，たとえば「現金」「消耗品」「備品」「資本金」といった呼び名のことを，会計上は「**勘定科目**」と呼びます。この例で言えば，「車を『商品』という勘定科目で表す」といった具合です。

並べ方にもルールがある

　「勘定科目」の並べ方にもルールがあります。前頁の貸借対照表を第2章の【表4】（次に再掲）と比べてみてください。

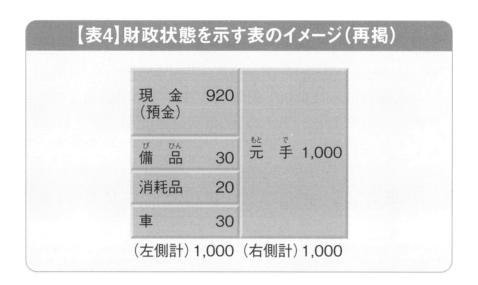

【表4】財政状態を示す表のイメージ（再掲）

現　金（預金）	920	元 手	1,000
備 品	30		
消耗品	20		
車	30		

（左側計）1,000　（右側計）1,000

　第2章では敢えてこのルールを無視し，ストーリーに現れる順に「勘定科目」を上から並べました。第2章では，現金，備品，消耗品，車の順で並んでいたのが，この章では，現金，商品（車），消耗品，備品の順になっています。この配列順序にも細かいルールがあるのですが，ここでは「**現金に換わりやすいものほど上に配列される**」と考えておいてください。

　話が長くなりましたが，この時点では資本金として調達した1,000万円の資金を，現金920万円，商品30万円，消耗品20万円，備品30万円という形で保有している（運用している）わけです。ただし，**運用方法が変わっただけですから，左右それぞれの合計金額は変わらず，左右の合計金額は一致しています**。

● 商品が売れるとどうなるか？

> 友人から買った車が1週間後の2024年4月17日に100万円で売れました。売上の100万円は車と引き替えに現金で入金しました。

この時点での貸借対照表は次のとおりです。

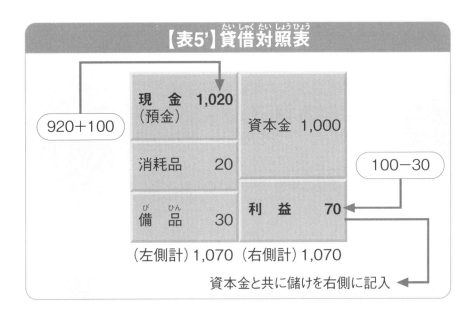

【表5'】貸借対照表

現　金　1,020 (預金)		資本金 1,000
920＋100		
消耗品　20		
備　品　30		利　益　　70　100－30

（左側計）1,070　（右側計）1,070

資本金と共に儲けを右側に記入

　ここでも右側の資本金は1,000万円のまま変わりません。しかし，**資金の運用方法には変化が生じています**。車を販売したために商品という勘定科目が左側から消える一方，売上を現金で100万円入金した分，現金残高が1,020万円に増えています（920＋100＝1,020）。

　ところで，この段階で右側に**利益**という新たな勘定科目が現れています。これは30万円で仕入れた車を100万円で販売したさい得られた儲けです（100−30＝70）。

　会社の経営活動とは，つまるところ「**投下した元手（資本）をいかに効率よく回収するか**」ということであり，**回収した元手（資本）を再投資してさらに大きな元手（資本）にするという循環活動である**といえます。貸借対照表の右側の元手が左側で運用され，再び右側に元手として戻ってくるサイクルが繰り返されるイメージです。

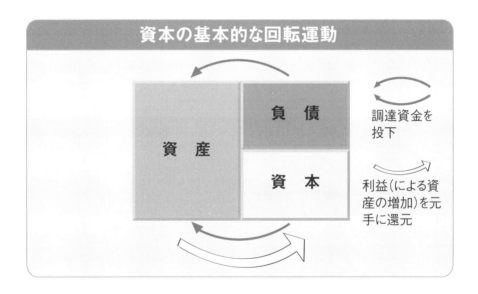

　このケースで言えば，元手資金である資本がいったん車という資産に変わり，販売されて再びお金になって資本を増やしたことになるわけです。「貸借対照表の右側が資金の調達方法を示している」という説明の延長線上で言えば，「**商品の販売によって得られた利益で新たに資金調達した**」ことになります。

損益の内訳を示す表

　一方，財務諸表のなかには会社の財政状態を示す貸借対照表とは別
に，会社の儲けをまとめて示す表があることを第2章で説明しました。
損益の内訳を示す表とも言えるものです。正式にはこれを**損益計算書**
といいます。

　損益計算書は，前述の資本回収過程，すなわち「**貸借対照表の右側
の元手が左側で運用され，再び右側に元手として戻ってくるサイク
ル**」が繰り返される過程を示した計算書のようなものです。調達され
た資金が何に投資され（どう運用され）再び資金として回収されたか，
そのプロセスを示すからです。

　今回の車の売買を損益計算書で示したのが次の表です。

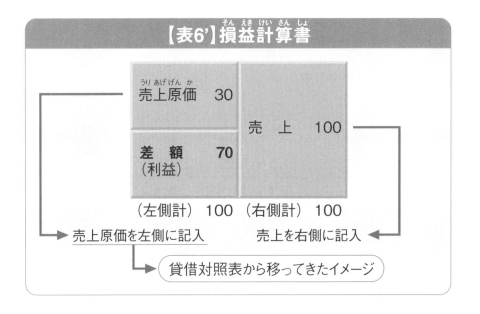

　売上の元となった仕入分は売買の対象となった商品の原価であり，正式には**売上原価**（うりあげげんか）と呼ばれます。

　先に「商品」という用語をはじめ，貸借対照表の上に現れるさまざまな構成要素，たとえば「現金」「消耗品」「備品」「資本金」といった項目のことを，会計上は「勘定科目」と呼ぶことを学びました。損益計算書（そんえきけいさんしょ）でも貸借対照表（たいしゃくたいしょうひょう）と同じように，売上や売上原価といった構成要素のことを「勘定科目」と呼びます。

● 損をするとどうなるか？

　左右の金額の差額が「**損失が出る場合には損益計算書**（そんえきけいさんしょ）**の右側に現れる**」ことは，第2章で車が20万円でしか売れなかった場合を例に次のとおり確認しました（差額を右側に書かないと左右が均衡しない）。

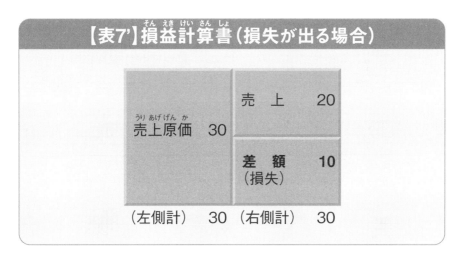

【表7'】損益計算書（損失が出る場合）

売上原価 30	売上 20
	差額（損失） 10
（左側計） 30	（右側計） 30

この差額は，貸借対照表と損益計算書では左右反対に現れることも，下の２つの表を見比べてご確認ください。車が100万円で売れた場合の利益70万円は，貸借対照表【表5'】では右側に現れているのに対し，損益計算書【表6'】では左側に現れています。

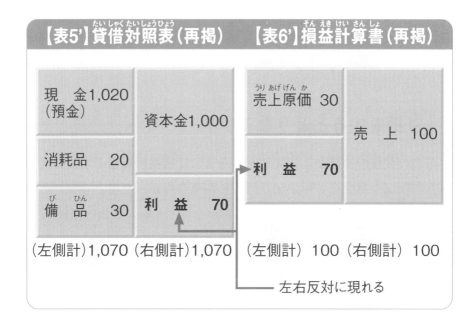

従業員を雇いました

 社員を雇うとどうなるか？

> 　高橋君は株式会社Ｔ＆Ｔとして，自分が営業のために外出する間の電話番と事務作業用に事務員を1名雇うことにしました。
> 　この事務員は4月20日より出社，当面は研修期間として日給1万円を月末に支払います。

　人件費は，光熱費や通信費などと同様に給料として**支払った分を費用として認識する**，つまり損益計算書に表示することを第2章で説明しました。この例では，事務員に対して4月末までに現金で支払った給料の合計額11万円が損益計算書に次のとおり表示されます。

【表8'】損益計算書

売上原価	30		
人件費	11	売　上	100
利　益	59		
（左側計）	100	（右側計）	100

売上は右側に，売上原価は左側に現れます。**費用である人件費は，売上原価と同じように左側に現れます。**この例では，売上より売上原価と費用の合計額の方が小さいので，差額の分だけ利益が出たことになります。

貸借対照表はどう変わるか？

人件費が貸借対照表には表示されず損益計算書にのみ表示されることは第2章で説明しました。しかし，人件費11万円は現金で支払われ，その分だけ会社の現金は減っており，貸借対照表も変化します。【表9'】を【表5'】と見比べてください。

貸借対照表の上に人件費という勘定科目が現れこそしないものの，現金の残高は【表5'】に比べ支払った分（11万円）だけ減っています。

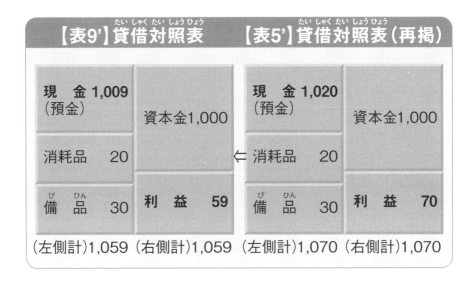

【表9'】貸借対照表

現　金 1,009 (預金)	資本金 1,000
消耗品　20	
備品　30	利　益　59

（左側計）1,059　（右側計）1,059

【表5'】貸借対照表（再掲）

現　金 1,020 (預金)	資本金 1,000
← 消耗品　20	
備品　30	利　益　70

（左側計）1,070　（右側計）1,070

　人件費の支払いを想定していない【表5'】のケースに比べ，利益も支払った人件費11万円の分だけ減っています。ただし，**左側も右側も11万円ずつ減っているため，左右の合計金額は一致しています。** ここでも差額である**利益（59）は，貸借対照表と損益計算書とで左右反対に現れています。**

● 光熱費や通信費を払うとどうなるか？

　損益計算書と貸借対照表の関係にもう少し慣れるため，株式会社T＆Tの4月中の光熱費2万円，および通信費3万円を月末に現金で支払ったとして，同社の4月の損益計算書と貸借対照表がどのように変化するか示したのが，次の【表10'】【表11'】です。

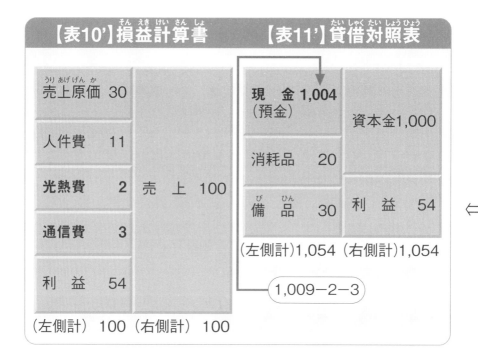

これら２つの表を，【表8'】および【表9'】（次頁に再掲）と見比べてください。【表10'】では，光熱費２および通信費３が，人件費と同じように左側に記入され売上から引かれるため，その分（５）だけ利益が減っています。

【表11'】では，現金が光熱費２と通信費３に充てた分だけ減っています。同様に，右側の利益もその分（５）だけ減っているため，相変わらず左右の合計は一致しています。

【表8'】損益計算書（再掲）

売上原価 30	売　上　100
人件費　　11	
利　益　　59	

（左側計）　100　（右側計）　100

【表9'】貸借対照表（再掲）

現　金1,009	資本金1,000
消耗品　　20	
備　品　　30	利　益　　59

（左側計）1,059　（右側計）1,059

第5章

もう少し本格的に
輪郭をつかむ(2)

この章では，前章に引き続き専門用
語に置き換えながらもう少し本格的
に財務諸表の輪郭をつかみます。

借金をして土地を買いました

借金をして土地を買うとどうなるか？

仕入れた車を置いて見せるスペースを確保するため，高橋君は株式会社Ｔ＆Ｔとして銀行から500万円を借金し，700万円の土地を購入しました。土地の代金は即座に現金で支払いました。

この土地は会社の運営のために購入したものであり，高橋君の個人資産とは明確に区別し，会社の資産として認識すること，銀行からの借金についても会社の運営のために行ったものであり，高橋君の個人債務とは明確に区別し，会社の債務として認識することは前述のとおりです。この時点で株式会社Ｔ＆Ｔの財政状態がどう変化しているかを貸借対照表に示したのが次の【表12'】です。

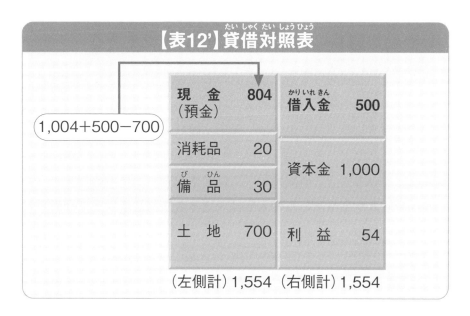

【表12'】貸借対照表

現　金（預金）	804	借入金	500
消耗品	20	資本金	1,000
備　品	30		
土　地	700	利　益	54
（左側計）1,554		（右側計）1,554	

1,004＋500−700

　購入した土地が左側に現れる点，借入金が右側に現れる点については，これまでの解説でご理解いただけるはずです。しかし，疑問をお感じになる点もあるのではないでしょうか。

　まず，勘定科目についてです。第3章では，借金はそのまま「借金」と表示していましたが，ここでは会計上の表現により近づけるため「借入金」としています。「より近づけるため」としたのには，理由があります。正式には短期に返済する前提で借金をした場合と，長期に返済する前提で借金をした場合とで，「短期借入金」「長期借入金」という具合に勘定科目が異なるからです。ただし財務諸表の全体像をつかむ上では，それほど大きな問題ではないので，ここでは単に「借入金」としておきます。

勘定科目の配列順序にもルールがある

　勘定科目の配列順序も第3章と異なっています。第3章では読者の
意識を全体像の把握という目的に向けるため，正式な配列ルールを敢
えて無視しました。第3章では，元手，儲け，借金の順で並んでいた
のが，この章では，借入金（借金），資本金（元手），利益（儲け）の
順になっています。この配列順序には基本ルールがあるのですが，こ
こでは「**他人から調達した借入金は，資本金や利益より上に配列され
る**」と覚えておいてください。

　【表11'】に比べ，現金は500万円の借入金により1,004万円からいっ
たん1,504万円に増えますが，土地を購入するさい700万円が現金で支
払われましたので最終的には804万円に減っています。

右側の構成要素を整理する

　第3章ではこれまでに現れた右側の構成要素を，**自分のお金を元手
にした分，元手を使って商売した結果戻ってきた儲け分，借金して
作った元手分**の三つに分けて整理しました。そして，これらはそれぞ
れ**性格が異なるため分けて記載しなければならない**点についても確認
しました。

　また，貸借対照表の**右側**で「会社がどのようにお金を調達したか」
を示し，**左側**で「調達したお金をどのように運用しているか（使って
いるか）」を示す点についても説明しました。

　ここでは，これをもう少し専門的に整理します。ポイントは次頁の
とおりです。

● 貸借対照表の右側は「その会社が
　どのように資金を調達したか」を
　示し，左側は「調達した資金をど
　のように運用したか」を示す。

● 貸借対照表の右側の資金調達は，
　他人から借り入れた分（他人資
　本）と自己資金（自己資本）の2
　つに大きく分かれる。

● 自己資金の分は，さらに元々の出
　資分である資本金とその後の事業
　活動から得た利益の2つからなる。

【図1】貸借対照表の仕組み

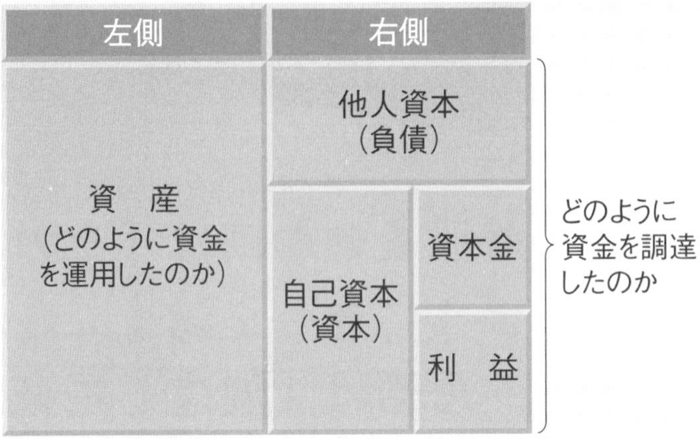

左側	右側
資　産 （どのように資金 を運用したのか）	他人資本 （負債）
	自己資本 （資本）
	資本金
	利　益

どのように資金を調達したのか

(注)　資金の運用状況を示す左側をまとめて**資産**と呼び，資金の調達状況を示す右側は他人資本の部分を負債，自己資本の部分を**資本**と呼ぶ。

「掛け」で売買しました

● 商品を掛けで仕入れるとどうなるか？

「掛けでの売買が財務諸表にどう表示されるのか」がここでのテーマです。

> 株式会社Ｔ＆Ｔは，２台目の車を2024年４月20日に50万円の掛けで仕入れました。代金は月末の４月30日に銀行振込みで支払う予定です。

株式会社Ｔ＆Ｔの４月20日時点での貸借対照表は以下のとおりです。

【表13'】貸借対照表

借方		貸方	
現　金（預金）	804	買掛金	50
		借入金	500
商　品	50	資本金	1,000
消耗品	20		
備　品	30	利　益	54
土　地	700		
（左側計）1,604		（右側計）1,604	

「調達した資金をどのように運用しているか」を示す左側に商品が現れる点と配列順序については前述のとおりです。

問題は掛けで仕入れた50万円の扱いです。このことを説明するにあたり，第3章では「掛けで物を買う」という商行為の意味について考えました。掛けで物を買うのは，**物を買った日から実際にお金を支払う日までお金を借りている**のと同じであり，財務諸表の上では「相手に対して借金をした」という扱い，すなわち「借金をしてお金を調達した」という扱いとすることを確認しました。

これを会計上の正式な決まりごとにあてはめると，掛けで仕入れた50万円の車の代金は「借入金」_(注)でなく「買掛金」という勘定科目で表します。【表13'】で右側の一番上に「買掛金　50万円」と表示されているのがそれです。一般には耳慣れない言葉ですが，独特の会計用語ですので覚えておいてください。

> （注）「借入金」と表示するのは，銀行などから資金を借り入れたもので，元本の返済と利息の支払いを要するものです。

● 配列順序を整理する

ところで，【表13'】でもおわかりのとおり買掛金は借入金よりさらに上に記載されています。貸借対照表の左側は「**現金に換わりやすいものほど上に配列される**」という配列順序ですが，右側は「**より早く現金で払わなくてはならないものほど上に配列される**」のが基本ルールです。

また，70頁の【図1】「貸借対照表の仕組み」にあてはめれば，**借入金と同様「他人資本」であり，自己資本より上に表示される**ことも

おわかりいただけるはずです。「買掛金<ruby>かいかけきん</ruby>」は，指定期日になれば現金で支払わねばならず，支払い期日までの期間もそれほど長くないのが一般的ですから，**他人資本のなかでは借入金<ruby>かりいれきん</ruby>より上に表示されるの**です。

 ## 商品を掛けで売るとどうなるか？

> 2024年4月22日，株式会社T＆Tは，4月20日に仕入れた車を近所で八百屋を営む加藤さんに150万円で売りました。ただし，今回は現金販売でなく掛け販売であり，代金は月末の4月30日に入金予定です。

今度は「掛けで物を売る」場合についてです。「掛けで物を売る」という商行為の意味についても第3章で確認しました。**物を売った日から実際にお金をもらう日までは相手にお金を貸しているのと同じこと**であり，財務諸表の上では「**相手に対してお金を貸した**」という扱いにすること，「**調達したお金を貸付という形で運用している（使っている）**」という扱いにすることです。

これを会計上の正式な決まりごとにあてはめると，掛けで売った100万円の車の代金は「貸付金<ruby>かしつけきん</ruby>」でなく「**売掛金<ruby>うりかけきん</ruby>**」という勘定科目で表します。「買掛金<ruby>かいかけきん</ruby>」同様独特の会計用語ですので覚えておいてください。

配列順序を整理する

　ところで,【表14'】でもおわかりのとおり売掛金は現金に次いで二番目に配列されています。これは,「貸借対照表の左側は現金に換わりやすいものほど上に配列される」という基本ルールに従ったものです。「売掛金」は指定期日になれば現金に換わるものであり,その期間もそれほど長くないのが一般的ですから,現金に次ぐ配列順序となっているのです。

　株式会社Ｔ＆Ｔの例で言えば次のようになります。

　【表14'】を【表13'】と比べてください。まず左側の欄についてです。今回は掛けでの販売ですから現金の残高は増えません。【表13'】と同じく804のままです。そして商品は相手に引き渡してしまいましたから,【表13'】の左側にあった「商品50」は消えています。その代わり【表

14'】の左側に販売した相手に対する貸しを示す「売掛金　150」が表示されています。

利益は増えても現金は増えない

次は右側の欄についてです。【表13'】に比べ「利益」が100万円増えて154万円になっています。実際にお金が入ってこなくても会計上は資金調達したことになるケースです。損益計算書の内容と合わせて確認してみましょう。

今回のやりとりでは，50万円で仕入れた商品を150万円で販売したのですから，差額の100万円が利益です。【表15'】でも，【表10'】に比べ売上原価が30万円から80万円に増えているのに対し，売上は100万円から250万円に増えています。結果として，利益が差額の100万円だ

け増えて154万円になったわけです。これが、【表14'】の貸借対照表に示された154万円の資金調達です。

　実際に現金の入金がなくても会計上は100万円の資金調達をしたことになるケースです。

約束どおり入金がないとどうなるか？

　2024年4月30日になって加藤さんから電話で、「この日払う予定だった150万円が工面できないため、5月15日まで待ってほしい」との連絡がありました。株式会社T＆Tの社長である高橋君は、やむなくこれを了承しました。ただし、4月20日に掛けで仕入れた50万円の車の代金は、予定どおり4月30日に支払っています。

　入金予定だった売上金額が予定どおり入らなかった部分から考えてみましょう。【表16'】は予定どおり売上金額が入金された場合の貸借対照表です。4月30日に150万円が予定どおり入金されれば、売掛金150万円が消えて現金が150万円増えるわけですから、貸借対照表はこうなります。貸していたお金を返してもらう感じです。「調達した資金をどのように運用しているか（使っているか）」を示す左側の内訳が代わるだけですから、貸借対照表の左側の中身を入れ替えるだけのことです。

　ところが、実際には予定どおり入金できなかったのですから、左側の内訳もまったく変わらない、つまり【表14'】（74頁）のままという

ことになります。

【表16'】貸借対照表

		かいかけきん 買掛金	50
現　金	954	かりいれきん 借入金	500
（預金）			
804+150			
消耗品	20	資本金	1,000
び ひん 備　品	30		
土　地	700	利　益	154

（左側計）1,704　（右側計）1,704

🔵 約束どおり払った分はどうなるか？

　次に掛けで仕入れた車の代金を予定どおり支払った部分についてです。掛けで仕入れたさいの借金を返済したイメージですから，右側の買掛金（50）がなくなって左側の現金もその分（50）だけ減ることになります。【表14'】（次頁に再掲）の時点から左右ともに同額（50）ずつ減っていますから【表17'】のようになり，**左右それぞれの合計金額は1,654万円で一致しています。**

【表17'】貸借対照表		【表14'】貸借対照表（再掲）	
現　金（預金）　754	借入金　500	現　金（預金）　804	買掛金　50
			借入金　500
売掛金　150	資本金1,000	売掛金　150	資本金1,000
消耗品　20		消耗品　20	
備　品　30		備　品　30	
土　地　700	利　益　154	土　地　700	利　益　154
（左側計）1,654	（右側計）1,654	（左側計）1,704	（右側計）1,704

利益の増減と現金の増減の違い

　ここで再び損益の計算と実際の資金の流れは別物であることをご確認ください。【表15'】（75頁）の損益計算書からおわかりのとおり，損益計算上は個々の売買が現金で行われようが，掛けで行われようが関係ありません。売買された商品の受け渡しが発生すれば，基本的には実際の金銭授受とは無関係に損益計算に反映されます。

　このケースのように50万円で仕入れた車を150万円で販売し，計算上は100万円の利益が出ていても，手元の現金が100万円増えているとは限らないのです。このケースでは，逆に50万円減っています（50万円の仕入代金は予定どおり月末に現金で支払っている一方，150万円の販売代金は指定期日の月末に受け取ることができなかったため）。

「資金繰り」（お金の出入りの管理）が，時として損益計算以上に重要になるのはこのためです。資金に関連した話は第10章キャッシュ・フロー計算書でもします。

第6章

理屈を
考えてみる(1)

この章では，ここまで理屈ぬきで体感してきた財務諸表の成り立ち，その背景を考えてみます。

木を見る前に森を見る

森の成り立ちを考える

これまで，財務諸表のイメージ，果たす役割，おおまかな全体像について細かい理屈抜きで見てきました。「木を見て森を見ず」という言葉がありますが，ここまではその逆「とにかく森だけを見て，木は見ないようにする」ことを心がけてきました。

ここからは少しずつ「木」にも目を向けていきます。しかし，その前に「ここまで見てきた『森』はなぜそのような姿になったのか」，その理屈を考えてみます。森から木への橋渡し作業です。

どうして左と右なのか？

帳簿の記録方法との関係

　これまで見てきたとおり，財務諸表の代表選手である「貸借対照表」と「損益計算書」は，その内容を左右に書き分けて表示します。まず最初にこの理由についてです。

　これは，すべての財務諸表が複式簿記という帳簿の記録方法をベースに作られていることに起因します。本書は複式簿記の解説書でないため，細かい点は割愛しながらその仕組みを簡単に説明しておきます。これなくしては左右に書き分ける理由が理解できないからです。

イタリアで生み出された世界共通言語

　複式簿記は世界共通の会計言語です。会社の経営活動を財務諸表という形にするさい，おおもととなる帳簿の記録方法（簿記）は万国共通，ほとんどの国が複式簿記を採用しています。

　この複式簿記は今から約500年前にイタリアで考案されたとされていますが，基本は当時から変わっていません。企業活動を記録する上ではそれほど画期的な方法であり，便利なものなのです。

　ただし，われわれの日常生活には縁が薄いため，経理関係の仕事をしていない人には馴染みがないだけです。

複式簿記の第 1 の特徴

ではこの帳簿記録方法にはどんな特徴があるのか，具体的な例で簡単に説明します。複式簿記の第 1 の特徴は，すべてのやりとりを左右に分けて記録することです。

第 4 章の例で言えば，

47 頁	1,000万円の現金出資	現金1,000／資本金1,000
48 頁	30万円の備品現金購入	備品　30／現金　　30
49 頁	20万円の消耗品現金購入	消耗品20／現金　　20
51 頁	30万円の商品現金仕入	商品　30／現金　　30
54 頁	100万円の商品現金販売	現金　100／売上　100

という具合です。

一見して明らかなとおり現金が増えるやりとりは，すべて「現金」勘定が左側に，現金が減るやりとりは右側に表示されています。ここでは現金が**増えた場合は左側**に，**減った場合には右側**に書くことだけを覚えておいてください。

大切なのは，この現金の増減という**事実**が，**もう一つの側面の事実と組み合わされて（セットになって）記録される**点です。47頁の例では，現金1,000万円の事実が出資の発生（増加）とセットになって記録されており，48頁の例では，現金30万円の減少が備品の購入とセットになって記録されている点です。ただし，**同じ事象を二面的にとらえた事実**ですから，**金額は常に左右同額**です。

　複式簿記ではこのように，すべてのやりとりをいったんその事実の
二面的な組み合わせにして，発生順に左右に記録する仕組みになって
います。これが「仕訳」と呼ばれる複式簿記の第一歩であり，財務諸
表作成の第一歩です。

　この仕訳作業で作成された基礎データを集計し，決算のためのデー
タを追加して最終的に財務諸表にするわけです。この仕訳作業からは
じまる基礎データ処理過程を学ぶこと，イコール複式簿記の学習です。

　ところで左右に書き分けるさいの左側／右側を，正式には「借方」
「貸方」と呼びます。この難解な表現は，中世の信用取引にイタリア
の銀行で用いられた記録方法の名残とされているようですが，今日で
は集計上の区分を示す記号と考えていいでしょう。したがって，財務
諸表を読む上では，単に左，右と見分けるだけでもまったく支障あり
ません。

🔵 複式簿記の第2の特徴

　複式簿記の第2番目の特徴は勘定記入です。これは仕訳作業で得ら
れた基礎データを集計する過程で顕著な特徴です。複式簿記では，基
礎データを個々の勘定毎に加工，集計するさいアルファベットのＴ字
形の升をイメージ，基本的には足し算だけで処理していきます。

　先ほどのケースで「現金」勘定を例にとると，

86

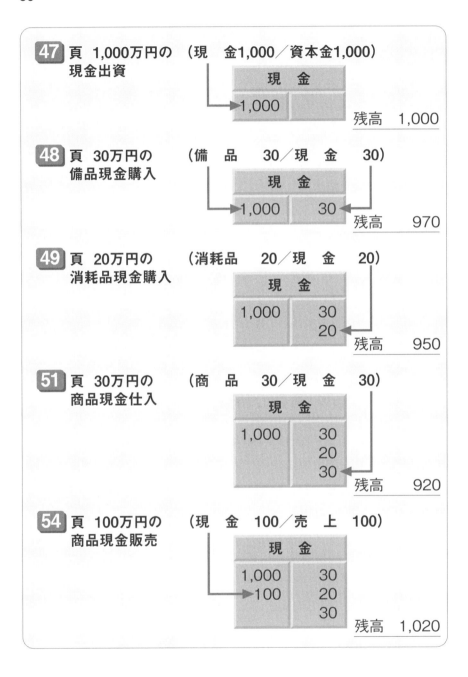

47 頁　1,000万円の
　　　現金出資

（現　　金1,000／資本金1,000）

現　金

1,000

残高　1,000

48 頁　30万円の
　　　備品現金購入

（備　品　　30／現　金　　30）

現　金

1,000　　　　30

残高　970

49 頁　20万円の
　　　消耗品現金購入

（消耗品　　20／現　金　　20）

現　金

1,000　　　　30
　　　　　　 20

残高　950

51 頁　30万円の
　　　商品現金仕入

（商　品　　30／現　金　　30）

現　金

1,000　　　　30
　　　　　　 20
　　　　　　 30

残高　920

54 頁　100万円の
　　　商品現金販売

（現　金　100／売　上　100）

現　金

1,000　　　　30
100　　　　 20
　　　　　　 30

残高　1,020

という具合です。

　ここでも，**現金が増える場合は常に左側に，減る場合は常に右側に
記録**します。そして**左，右それぞれの合計の差額が，常にその時点で
の残高**になります。この例でも，左右の差額が，上から1,000→970→
950→920→1,020という具合に変化していく様子が一目瞭然です。

　このようにT字形の升の左右それぞれにプラス・マイナスの要素を
集め（現金の場合は左側にプラスの要素を，右側にマイナスの要素を
集め），その差額で当該勘定の残高を求めるのが特徴です。

 足し算の発想がベース

　なお「差額」とはいっても，この方法では**「あといくらどちら側に
足せば，左右の合計が一致するか」という考え方がベースになってい
ます。差額の確認方法が足し算の発想**なのです。天秤で物の重さを量
る発想と同じです。

　基本的に左右それぞれの足し算がベースとなるこの方法には，縦方
向に足し算や引き算を繰り返す方法に比べ，

★　**計算間違いが少ない**

★　**検算が容易である**

という長所があります。

　仕訳による基礎データの作成から財務諸表の完成までには，さまざ
まな帳簿の作成，転記といった記録の積み重ね作業が発生します。こ
の過程での誤記や計算ミスを未然に防止したり，それをチェックする
上で，この方法は大きな強みを発揮します。

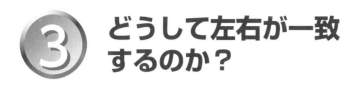

③ どうして左右が一致するのか？

◯ 左右が一致するメカニズム

　複式簿記では個々のやりとりを事実の二面性としてとらえ，それを左右に書き分けます。したがって，**すべてのやりとりを集計した「結果」としての財務諸表も同様に左右が一致する**のは，ご理解いただけるのではないでしょうか。ただし，基礎データを集計する途中の過程をすべて学んだわけではないので，完全に納得するところまではいかないかもしれません。完全に理解するには途中の集計過程を学ぶ必要があります。つまり複式簿記を学ばねばならないのです。

　しかし，本書のねらいはこの過程をできるだけ省いて財務諸表の全体像をつかむことなので，ここでも細かい理屈にはこだわらず左右が一致するメカニズムの説明を続けます。

　基礎データ作成作業（仕訳業務），個々の勘定の残高の増減を記録する勘定記入に続いて，ここでは毎月行う確認作業（**試算表の作成**）を例にとって左右一致の仕組みを解明します。

　試算表は先の基礎データ作成業務や集計業務が正しく行われているかを検証するために作られるのですが，同時にすべてのやりとりをひとつの表に集計して全体像をつかむ役割も担っているため，左右一致のメカニズムを説明するには好都合なのです。

具体的な事例で確認する

　では具体的に第5章の例で試算表を作ってみましょう。第4章から第5章にかけての事象，すなわちT＆T社の設立から掛けでの売買までを集計すると次の試算表ができます。

【表18】試算表

資産 1,654	現　　金　754	借入金　500	負債 500
	売掛金　150		
	消耗品　20	資本金 1,000	資本 1,000
	備　　品　30		
	土　　地　700		（利益部分） 154
費用 96	売上原価　80	売　上　250	収益 250
	人件費　11		
	光熱費　2		
	通信費　3		
1,750			1,750

（注）　商品の売上やサービスの提供による対価等，会社の利益を増やす要素をまとめて「収益（しゅうえき）」と呼び，逆に利益を増やすために犠牲となる要素をまとめて「費用（ひよう）」と呼びます。

　この表を次に再掲する【表15'】並びに【表17'】と見比べてください。【表15'】【表17'】は，第4章から第5章にある設例のすべての事象を集約した損益計算書と貸借対照表です。これら2つの表と試算表を比べると，

【表15'】損益計算書（再掲）　【表17'】貸借対照表（再掲）

売上原価	80	売　上 250
人件費	11	
光熱費	2	
通信費	3	
利　益	154	

現　金	754	借入金 500
売掛金	150	資本金 1,000
消耗品	20	
備　品	30	
土　地	700	利　益 154

★　試算表は貸借対照表と損益計算書を上下に重ね合わせたものである

★　利益が貸借対照表と損益計算書で左右反対に出て，結果的に左右が均衡する仕組みになっている

ことがわかります。しかしこれは，

★　試算表がすべてのやりとりをひとつの表に集計して，全体像をつ
　　かむ役割を担っていること
★　（第2章から第5章で繰り返し説明したとおり）貸借対照表と損
　　益計算書では利益が左右反対に出ること
を考え併せれば至極当たり前のことです。

複式簿記の第3の特徴

　これこそが複式簿記の3つ目の特徴である**貸借均衡の原則（左右の**
合計が等しくなるということ）なのです。逆に言えば，左右の合計金
額が一致しなければ基礎データの作成作業ないしは集計作業のどこか
に誤りがあるということであり，複式簿記の優れた**自己検証機能**です
（ただし，左右同額で間違えた場合はこの検証では見つかりません）。

　まだ何となく狐につままれた感じの方もいらっしゃると思いますが，
正確に理解するにはどうしても複式簿記の知識が必要です。ただし，
この理屈が100％理解できなくても，財務諸表を読む上では支障あり
ませんのでご安心ください。
　次頁に試算表の構造と仕訳作業から試算表作成にいたるイメージ図
を表示しましたので，改めて確認してみてください。

【図2】試算表の構造

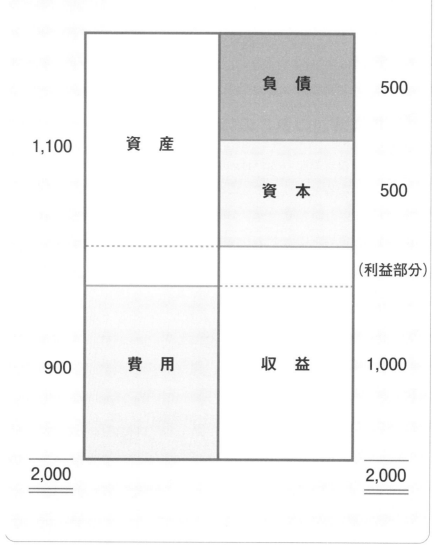

（注）　本表上の数字は第４～５章の事象とは関係なく，試算表の構造をわかりやすく示す
　　　ために表示したサンプルです。

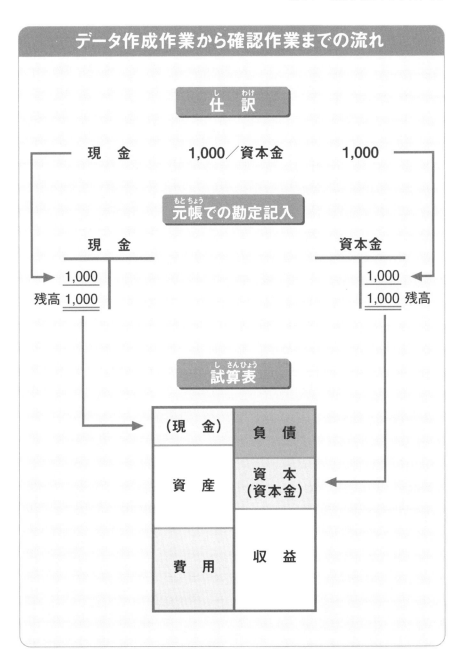

第7章

理屈を
考えてみる(2)

この章では，前章に引き続き，財務
諸表の成り立ち，その理屈を考えて
みます。

3つの分類で整理する

● 3つの構成要素からなる基本構造

　複式簿記をベースに作られる貸借対照表と損益計算書の基本構造は以下のとおりです。

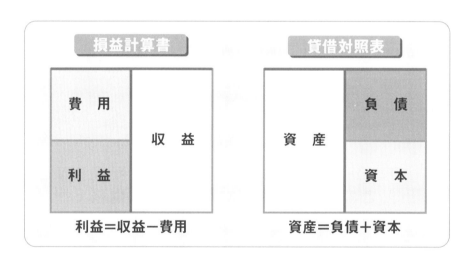

　貸借対照表の**資本**のなかには「利益部分」も含みます。このように財務諸表の二本柱である貸借対照表と損益計算書は，**3つの主たる構成要素で成り立っています**。この基本構造の理解は，後に財務諸表を読んだり分析したりする上でとても大切ですので，左右の区別を間違わずにしっかり覚えておいてください。

　正式な財務諸表にはさまざまな勘定科目が並んでおり，一見とても

むずかしそうに思えますが，実はこの単純な構造を細分化しただけの
ことです。第1章で，「大切なのは，専門用語の正確な定義を覚える
ことではなく，基本的な構造を理解することです。その上で，さまざ
まな会社の財務諸表をいくつも見ていくうちに，書式に慣れ，いろい
ろなことがわかるようになります」と申し上げたのも，このためです。

　ということで，ここでは貸借対照表と損益計算書の構造を3つの分
類という視点で解説します。

 ## 貸借対照表

　貸借対照表が会社の財政状態を示すものであり，その右側で資金の
調達状況を，左側で資金の運用状況を示すことは，これまで繰り返し
説明してきました。

　これをもう少し正確に言うと，右側は資金の調達状況の**内訳**を示し，

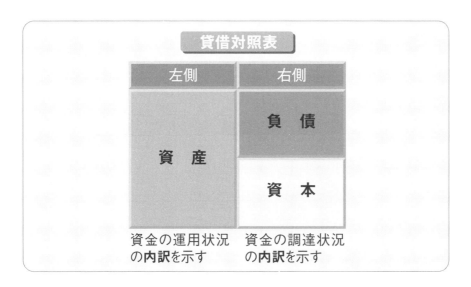

左側は資金の運用状況の**内訳**を示しています。内訳の具体的な内容は第8章で取り上げますが，ここではこの内訳を3つの分類，すなわち**資産，負債，資本**としてとらえ，この三者の関係をしっかりと頭に入れてください。

まず左側についてです。貸借対照表を3つの分類でとらえる場合には運用項目のすべてを「資産」としてひとくくりにします。その内訳は，単純に現金として資金を保有しているケースから土地のような資産として保有するケース，掛けで販売したさいの売掛金（代金を取り立てる権利）として保有しているケースなどさまざまです。

次に右側です。こちら側は負債と資本の2つに大きく分かれます。他人から借り入れた分（他人資本）と自己資金の分（自己資本）です。

他人資本である負債は，銀行からの借入金や掛けで商品を仕入れたさいの代金支払い義務である買掛金など，内容はさまざまです。

自己資金部分である資本には，いわゆる元入れとしての出資金のほかにその後の経営活動で得られた利益（正確にはその累積額）も含まれます。

これら左右の関係を等式で表すと以下のような**貸借対照表等式**になります。

$$資産 ＝ 負債 ＋ 資本$$

資本のことを**純資産あるいは正味財産**ということがありますが，これは資産総額から負債総額を差し引いた概念です。これも先の等式から次のとおり**資本等式（純資産等式）**として導けます。

$$資産 － 負債 ＝ 資本または純資産$$

　近年，資本に含まれる項目が多様化しており，資産と負債の差額という意味で，純資産が公表される貸借対照表で資本の代わりに使われます。資本が積極的な意味（元手と元手に組み入れられた成果）を持つのに対し，純資産は資産と負債の差額という消極的な意味（貸借対照表の右側項目のうち負債でないもの）を持つものです。124頁および125頁を参照ください。

損益計算書

　損益計算書が会社の損益を示すことは，これまでも繰り返し説明してきたとおりです。

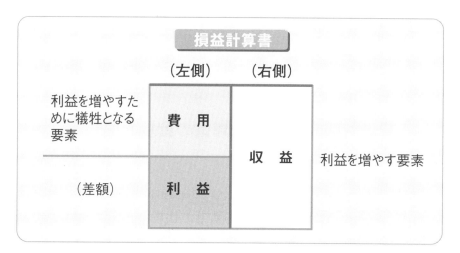

　これをもう少し正確に言うと，右側は利益を増やす要素の**内訳**を示し，左側は利益を増やすために犠牲となる要素の**内訳**を示しています。内訳の具体的な内容は第9章で取り上げますが，ここではこの内訳を3つの分類，すなわち**収益**，**費用**，**利益**としてとらえ，この三者の関

係をしっかりと頭に入れてください。

　まず右側についてです。損益計算書を３つの分類でとらえる場合には，利益を増やす要素のすべてを「収益」としてひとくくりにします。その内訳は，商品を販売して代金を現金でもらうケース，掛けで商品を販売するケース，何かサービスを提供してその対価をもらうケースなどさまざまです。

　次に左側です。こちら側は，利益を増やすために犠牲となる要素を包括的に示す費用と，収益と費用との差額を示す利益の２つに大きく分かれます。費用の内訳には，商品の販売やサービスの提供のために**直接的に犠牲となる要素**である売上原価や，**間接的に犠牲になる要素**である光熱費や通信費などがあります。収益と費用の差額は利益として認識されます。等式で表すと次のとおりです。

利益　＝　収益　－　費用

貸借対照表と損益計算書の密接な関係

　両者はしばしばまったく別のものとしてとらえられがちです。確かに貸借対照表が会社の財政状態を示し，損益計算書が会社の経営成績を示すという意味では別物には違いありません。しかし，第６章で試算表の構造を説明するさいふれたとおり，両者には密接な関係があります。記憶を新たにするため試算表の構造を次頁に再掲します。

　貸借対照表と損益計算書の密接な関係についても，３つの分類という視点で再確認します。

　第１章のなかで，私的な内部資料が社会的な制度の中で使われるの

【図2】試算表の構造（再掲）

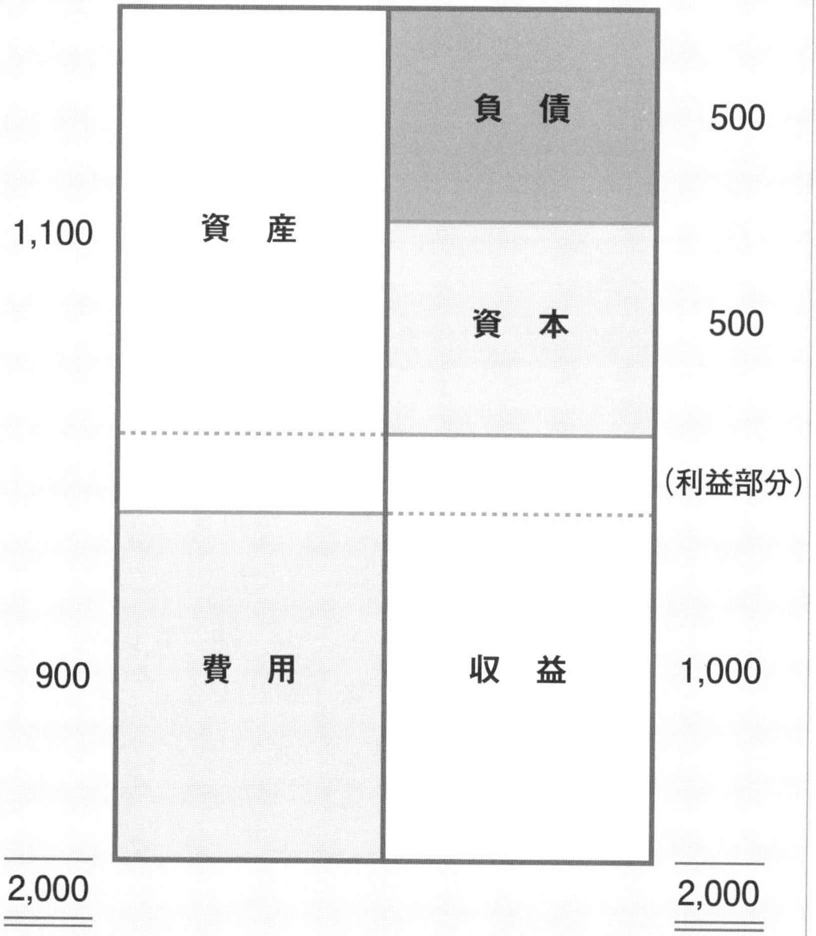

1,100	資　産	
		負　債　　500
		資　本　　500
		（利益部分）
900	費　用	収　益　　1,000
2,000		2,000

が，財務諸表であるという説明をしました。もとが内部資料で経営者の手の中にあるものです。会社をよく見せたいとかいろいろな欲求が出てくることはあり得ます。

　ここでは，企業のこうした意図的な利益操作を例に，貸借対照表と損益計算書が互いにどんな関係にあるのかを考えてみます。一般に企業が利益操作を考える動機は次の2つです。

・利益が多く出過ぎたさいに，節税のため実際よりも利益を圧縮して表示したい
・赤字が続いているため対外的に少しでも業績が良く見えるよう実際よりも利益を水増しして表示したい

　一方，損益計算書の利益計算は以下の等式に従います。

$$利益　=　収益　-　費用$$

　この等式からも明らかなとおり，利益を減らそうとすれば収益を削るか費用を水増しするしかなく，利益を増やそうとすれば収益を水増しするか費用を削るしかありません。

　ところがこれまでも見たとおり，すべてのやりとりを事実の二面性からとらえて左右に書き分ける複式簿記の特性により，勝手に収益だけ水増ししたりすることは仕組み的に不可能です。

　もう一度貸借対照表の資本等式を見てみましょう。資本に付した注に注目してください。

$$資産　-　負債　=　資本 {}_{(注)}$$

注：資本には当期の利益を含む

損益計算書で利益を嵩上げするには，貸借対照表で資本に含まれる

利益を同額嵩上げすることとセットにしなければできません。資本等
式でわかるように，それは，資産の期末残高を水増しするか負債の期
末残高を削るということです。

　たとえば，収益（売上）の水増しには資産（売掛金）の水増しを
セットにするとか，費用（売上原価）を不当に削るには資産（棚卸資
産）の水増しとセットにするとか，があります。

複式簿記の仕組み

　入門書で「水増し」の解説に頁を割いていると，そんな不謹慎なこ
とは知らなくていいと思うかもしれません。そうではないのです。複
式簿記の仕組みは，正しい処理にも不正な処理にも当てはまるのです。
大事なことは，善悪に関係なく，資産が増える（負債が減る）という
ことと利益が増えることがセットだと知っておくことです。

具体例で確認する

　具体的な数字を当てはめて確認してみましょう。

　たとえば上のケースで，実態より利益を水増しするため売上を100
万円多く表示したとします。単純に売上だけを100万円計上したのでは，
右側の合計が2,100万円となってしまい左側と均衡しません。そこで，
たとえば掛けで100万円の売上があったことにして左側の資産の欄に
「売掛金」100万円を計上すれば，左右の合計が2,100万円となって均
衡します。

　収益の水増しには，資産の水増しが必要です。実際にはそれだけの

資産がないので，資産の残高を調べることで水増しはバレます。

　このように貸借対照表と損益計算書は一見別物のように見えますが，実際には相互に密接な関係があります。慣れるまではむずかしいかもしれませんが，常に**両者の関係を念頭において財務諸表を眺める癖**をつけたいものです。

儲けは一定期間で，資産は一定時点で測定する

なぜ一定期間と一定時点で測定するのか？

　複式簿記が生まれた頃のイタリアでは損益計算の単位が一航海だったため，毛織物等西欧の物資を船で東洋に運び，帰りに香料等東洋の産物を持ち帰るワン・サイクルでいくらの儲けがあったかを計算したといわれています。運と度胸で勝負した冒険的なロマン溢れる時代の話です。

　しかしながら，**永続的に営まれることを前提とする今日の企業**の場合そういうわけにもいきません。また，発生した収益と費用を対比させて差額を求めるという損益計算の特性から，特定のある一時点をとって儲けを把握することはできません。対応する収益と費用が必ずしも同時に発生するとは限らないからです。

　そこでどうしても**人為的に一定の期間を区切り，その間に発生した収益と費用を対応させる**作業が必要になります。この一定期間のことを**会計期間**と呼び，**ほとんどの企業が1年間**です。ちょうど学校で1年ごとに区切って，生徒が評価され進級していくのに似ています。ただし，会社の場合，その対象が学業でなく経営活動の成果であるため，一般には**経営成績**と呼ばれます。

　これに対し，会社の資産の状況は日々刻一刻と変化しています。したがって，経営成績のように一定の期間を区切って実態を把握するのは非現実的です。むしろ人為的に一定の時点を決めて，その瞬間の資

産の状況を測る方が理にかなっています。そこで**会計期間の最終日（決算日）という一定時点で会社の財政状態を測る**ことが、会計上の決まりごとになって今日にいたっています。

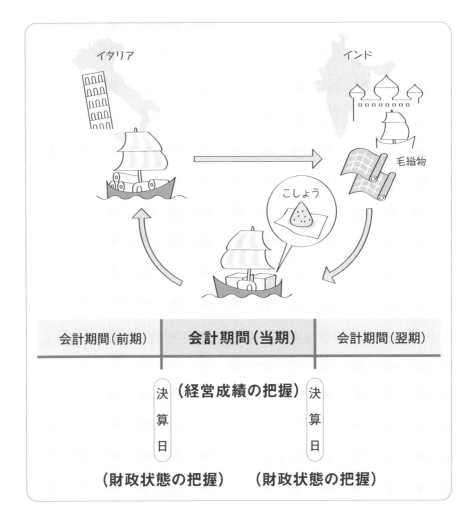

この図を見ながら次の点を思い起こしてください。

● 企業活動には投下した元手（資本）の回収を繰り返すものがある。

● 回収した元手（資本）を再投資してさらに大きな元手（資本）にしようとする循環活動であるといえる。

（注）　再投資する資金は株主への分配後の金額になる。

● 貸借対照表の右側にある元手（負債と資本）が左側（資産）で運用され，再び右側に（利益を通じて資本に）戻ってくるサイクルが繰り返される形をイメージするとわかりやすい。

● 損益計算書は，この元手の回収の過程を示す明細書のようなもの。

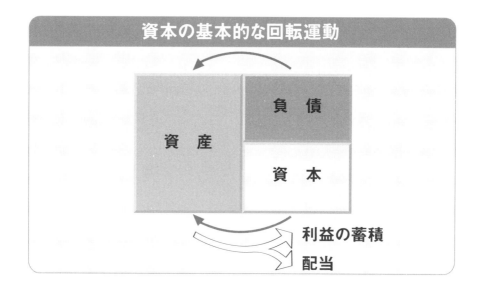

🔘 利益計算の損益的アプローチと財産的アプローチ

「儲けを一定期間で把握する」という視点で考えれば，**損益計算書は前期決算日の翌日（当期の期首日）から当期決算日までの期間に繰り返された資本回収過程を示した内容明細**といえます。

ここで改めて損益計算書と貸借対照表の関係を再確認するため，試算表に登場願います（110頁）。

損益計算書と貸借対照表とで利益部分が左右反対に同額現れるのは，これまでも繰り返し確認したとおりです。ということは，利益計算においてもふたとおりのアプローチが考えられるはずです。**損益計算書の左右の残高を比較してその差額を求める方法**と，**貸借対照表の左右の残高を比較してその差額を求める方法**です。試算表から明らかなとおり，利益部分は収益と費用の差額としても求められますが，資産－負債と資本の差額としても求められます。

　ただし，貸借対照表は一定時点（決算日）の財政状態しか示しませんので，**当期の期首日から当期決算日までの間に繰り返された資本回収過程の中身**はわかりません。財政状態の前回測定時点（前期決算日）との比較はできますが，その間の内容は知るすべがありません。そこで損益計算書が必要となるわけです。

　このように**利益計算には資産，負債の期中増減と期間の収益費用の差額の両面から計算できる**という特性があります。これら２つのアプローチへの会計上の力点の置かれ方も，債権者保護や投資家保護といった社会的要請の歴史的変化により，時間の経過と共に変化してきました。

　ちなみに日本では現在，会社法上の大会社（資本金５億円以上または負債総額200億円以上の会社）については貸借対照表の要旨のみならず損益計算書の要旨も公告が義務づけられています。

収益と費用の期間対応

　さて，ここで**収益と費用の期間対応**について考えてみます。簡単なようでこれが案外むずかしいからです。と同時に期間損益を正確に計算する上ではとても大切な点であり，損益計算書と貸借対照表の関係を正しく理解する上でもたいへん重要な点です。

　利益は収益から費用を差し引いて求められますが，これをより正確に言うと，次の等式になります（損益は一定期間で把握しますから）。

期間損益 ＝ 期間収益 － 期間費用

　逆に言えば，収益と費用それぞれの期間配分（どの会計期間に属す

110

【図2】試算表の構造（再掲）

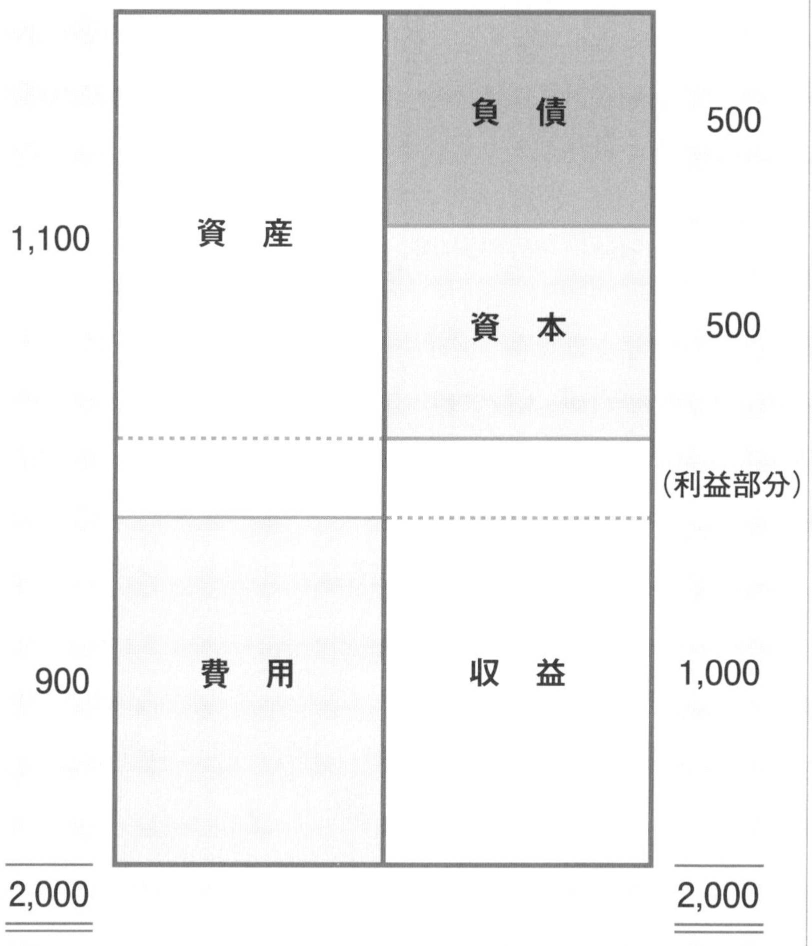

1,100	資　産	負　債 500
		資　本 500
		（利益部分）
900	費　用	収　益 1,000
2,000		2,000

るのか）がきちんとできないと，期間損益が正確に計算できません。

　収益や費用の大半は，一見してどの会計期間に属するか特定できますが，属すべき会計期間を特定するのに手間どるものも少なくありません。

具体例で確認する

　第4章〜5章の例を使って，具体的に期間対応のむずかしさを垣間見てもらいます。

　第4章に，高橋君が会社設立直後に備品30万円と消耗品20万円を購入するくだりがあります。第4章〜5章では，話を単純にするため敢えてこれらの期間対応にはふれませんでした。しかし，正確に損益計算する場合，これら備品や消耗品についても会計上の処理が必要となります。

　第4章〜5章での解説ではこの点を損益計算に反映させなかったので，購入時から第5章の終わりまで購入時の価格で貸借対照表上の資産としています。ということは，この備品と消耗品の資産価値は購入時から第5章の終わりまでまったく変わらなかったことになります。本当にそうでしょうか？

　筆記具や便箋・封筒といった消耗品の場合，実際には日々の業務のなかで**使用されどんどん減っている**はずです。また，机や椅子，書類整理のための書棚といった備品にしても，実際に使用していれば，その**資産価値は少しずつ落ちている**はずです。使い古した机や椅子を，新品の時とまったく同じ価格で買ってくれる人は普通いません。数少ないアンティーク商品は別として，通常は新品の時より資産価値が落

ちていると考えるからです。

　別の見方をすれば，筆記具や便箋・封筒等の消耗品も，机や椅子等の備品も，日々の経営活動で**利益を増やすために犠牲**になっていると言えます。

　であるなら，すでに使用して一部は存在していない消耗品や，使用して資産価値が落ちている備品を，購入時の価格のまま貸借対照表に載せつづけるのは理屈に合いません。

　また，利益を増やすために犠牲になっている要素である消耗品や備品を，費用として損益計算書に載せないのもおかしな話です。貸借対照表は会社の資産を使用前の価格で表示してしまうことになりますし，損益計算書の利益計算も歪んでしまうからです。

　では，これらをどう処理すべきでしょう？

● 対象期間に使った分を調査する

　まず消耗品についてです。消耗品は，会計期間の最終日に実際に現物を調べてみれば，どれだけの量がその会計期間に消費されたかわかります。ですから，実際に消費した分だけをその会計期間の費用として計上すればよいのです。そして消費されずに残った分をその会計期間の最終日（決算日）の資産として貸借対照表に載せます。

　（注）　消耗品については，逆に消耗品購入時に全額をいったん費用として処理し，決算日時点でも消費されずに残っている分を，費用から資産に振り替える方法もあります。

　第４章〜５章の数字を使って具体的に確認してみます。消耗品と備品を期間対応させずに作成した損益計算書と貸借対照表が，次頁に再

掲する【表15'】【表17'】です。

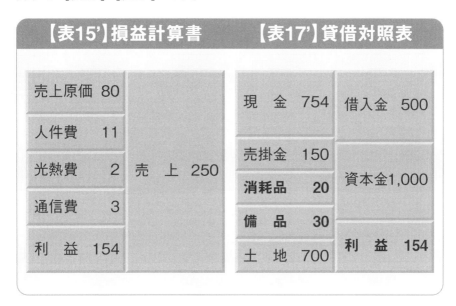

ご覧のとおり，消耗品，備品ともに購入時の価格のまま貸借対照表に資産計上されています。

仮にこの会計期間（この例では１カ月。ただし通常の会計期間は１年）の消耗品の消費額が５万円だったとすると，損益計算書と貸借対照表は次のとおり変化します。

【表15"】損益計算書　　【表17"】貸借対照表

売上原価	80		現　金	754	借入金	500
人件費	11		売掛金	150		
光熱費	2	売　上　250			資本金	1,000
消耗品費	5		消耗品	15		
通信費	3		備　品	30		
利　益	149		土　地	700	利　益	149

　【表15'】に比べ損益計算書上の費用は消耗品消費額の５万円増えています。

　一方，貸借対照表上の資産である消耗品は，【表17'】に比べ消費された５万円分だけ少なく計上されています。当然のことながら，費用が５万円増えるのですから，利益はその分（５万円）だけ減っています。

● 一定のルールにあてはめて計算する

　次は備品についてです。備品の場合，消耗品と違って会計期間最終日に現物を調べても，財産的価値の減少分を金額的に特定するのは困難です。机の角が傷ついていたり，椅子のクッションが痛んでいることはわかっても，それがいくらの価値減少に相当するのか金額的に特

定するのはむずかしいからです。

　ではこれをどう処理すべきでしょう？

　会計上は**価値減少分を人為的に一定のルールに当てはめて特定し，費用と見なします**。このルールは数種類ありますが，基本的には**時間の経過と共に価値が一定程度減少すると見なします。時間の経過と共に一定の額あるいは率で価値が減少すると見なし，当該会計期間の価値減少分を費用として損益計算に反映させる**のです。

　人為的に特定するこの費用のことを，価値が減少した分（減価）を償却処理するという意味で，会計上**減価償却費**と呼びます。

　第4章～5章の例で具体的に見てみます。このケースでは備品購入時の価格が30万円でした。仮にこの備品が1年間に5万円ずつ価値が減少し，6年間で資産価値がゼロになると見なしたとします。この場合，この会計期間（1年間）の減価償却費は5万円ということになり，この分を費用として損益計算書の上に反映させます。

　一方，その期間に備品の資産価値が5万円減少したのですから，会計期間最終日（決算日）の貸借対照表には備品を25万円として資産計上します。なお，減価償却費の計算は決算日にまとめて行われるのが普通です。

　　（注）　わが国の有形固定資産の減価償却の計算は，償却期間終了後に一定の資産価値が残る（残存価額）前提で行われるのが一般的です。

構成要素を知る
(1)

この章では，財務諸表の構成要素の
うち，貸借対照表の中身について解
説します。

森を形づくる木々に目を向ける

⬤ 貸借対照表と損益計算書の構成要素

ここまでは，財務諸表のおおまかな全体像，その代表選手である貸借対照表と損益計算書の果たす役割，両者の密接な関係を説明することに力点をおいてきました。英語で言う「Bird's-eye view」。鳥が空から地上を眺めて全体を一望するイメージで，手っとり早く全体像をつかむことを目指しました。

この章からはもう少し細かい中身に目を転じます。

木と森の関係で言えば，これまでの章で森の形や色といった概観をつかむことにエネルギーを注いできたのに対し，ここからは森の構成要素である個々の木々を見ていきます。

具体的には，本章前半で貸借対照表の左側の構成要素を，本章後半で貸借対照表の右側の構成要素を，第9章で損益計算書の構成要素を取り上げます。

では，まず最初に貸借対照表の左側についてです。

お金に換えやすいもの 換えにくいもの

● 流動資産 と 固定資産

　貸借対照表の左側には会社が確保した元手をどのような資産として保有しているか，調達した資金をどのように運用しているか，が示されています。第4章～5章の例で言えば，現金，売掛金，商品，消耗品，備品，土地がそれに当たります。つまり，調達した資金を現金のままで保有したり，売掛金という代金請求権として保有したり，販売するための商品として保有したりといった資金運用の内訳を示しています。

　第2章～3章では全体像の把握を優先させるため，細かいルールを無視してこれら左側の構成要素をストーリーに現れる順に上から並べていきました。

　第4章～5章では「**現金に換わりやすいものほど上に配列する**」という点だけを考慮し，配列順序を若干調整しました。

　正式な貸借対照表を作るさいには，もう少し細かい決めごとがあります。資産を「**お金に換えやすいものか，換えにくいものか**」でまず**大きく区分**するのです。とても乱暴な言い方をすると，比較的お金に換えやすいものを**流動資産**と呼び，お金に換えにくいものを**固定資産**と呼びます。

「お金に換えやすさ」の程度を検証する

　流動資産と固定資産の正式な区分方法については後述しますが，ここでいったん第4章〜5章の例で取り上げられた構成要素について，「お金に換えやすさ」の程度を検証します。

> 現　金：お金そのものであり，議論の余地はありません。
>
> 売掛金：商品やサービスなどを販売した代金の請求権であり，常識的にはそれほど遠くない時期にお金に換わるはずです。
>
> 商　品：販売されるのを待っているのですから，現金で販売されればその瞬間にお金に換わり，掛けで販売されてもいったん「売掛金」に換わった後お金に換わります。
>
> 消耗品：通常お金に換えることは想定していません。むしろ日々の企業活動のなかで消費されていくものです。
>
> 備　品：消耗品と同じように通常お金に換えることは想定していません。むしろ日々の事業活動のなかで消費されていくものです。
>
> 土　地：お金に換えることを目的として取得するケースもありますが，事業活動に使いお金に換えることを想定していない場合の方が一般的です。

　このように整理してみると，何となく「お金に換えやすさ」の程度

に差があるように思えます。しかし「換えやすいもの」と「換えにく
いもの」との線引きはとても曖昧です。

　そこで，会計上は人為的に一定のルールを定め，そのルールに従っ
て「換えやすいもの」と「換えにくいもの」とを区別します。この
ルールには2つの基準があります。

一年基準と営業循環基準

　ひとつ目は**ワン・イヤー・ルール（一年基準）**と呼ばれ，その名の
とおり**1年という期間で区分する考え方**です。決算日の翌日から1年
以内に現金化する予定のものを流動資産（お金に換えやすい資産）と
し，それ以外のものを固定資産（お金に換えにくい資産，或いはお金
に換えることを目的としていない資産）として区分します。

　2つ目は**営業循環基準**と呼ばれ，**営業取引のサイクルで区分する考
え方**です。営業取引は通常次のようなサイクルを基本に成り立ってい
ます。

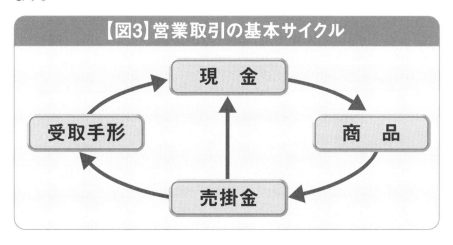

【図3】営業取引の基本サイクル

　すべての売買が現金取引であれば，売掛金，受取手形という勘定を経由しませんので，現金と商品の間を往復するだけのサイクルになります。

　受取手形については，これまでふれる機会がなかったので簡単に説明しておきます。これは，売掛金と同じように掛けで商品を販売したさい現れる勘定科目です。売掛金の場合は買った側が売った側に「いついつまでに払います」という口約束をするだけですが，受取手形の場合は手形という証書を発行して約束を保証するため，売掛金より法的拘束力が強くなります。

　いずれにせよ，この営業サイクルの過程に現れる勘定はすべて流動資産とみなすのが営業循環基準です。第４章～５章の例で言えば，現金，売掛金，商品が流動資産の代表選手であり，備品や土地が固定資産の代表選手です。

その他の代表的構成要素

　流動資産，固定資産それぞれについて，この他の代表的構成要素をまとめておきます。参考にしてください。

流動資産：短期貸付金（１年以内に回収する予定の貸付金）
　　　　　　受取手形（営業取引の過程で発行される受取手形）
固定資産：建物（事務所や工場など）
　　　　　　機械設備（工場の設備など）
　　　　　　車両運搬具（営業用の車など）

貸借対照表のサンプルと実例

　以下に貸借対照表のサンプルと実例を掲載します。実例のため，本書のここまでの説明では理解できない科目も散見されます。特にリース，退職給付，繰延税金関係や，連結貸借対照表特有の非支配株主持分（子会社に対する影響力を持たない親会社以外の子会社株主）などです。本書のレベルではイメージをつかむことまでとしてください。

【サンプル】

貸 借 対 照 表

株式会社たまごクラブ   2025年3月31日現在

資 産 の 部		負 債 の 部	
科　　目	金　　額	科　　目	金　　額
	円		円
流 動 資 産	43,111,210	流 動 負 債	105,413,920
現 金 及 び 預 金	5,958,037	買　　掛　　金	7,778,858
売　　掛　　金	993,859	短 期 借 入 金	90,000,000
商　　　　品	36,101,314	未　　払　　金	4,878,402
そ　の　他	58,000	未 払 費 用	681,900
固 定 資 産	273,125,846	未 払 法 人 税 等	632,500
有 形 固 定 資 産	265,932,093	前　　受　　金	1,310,700
建　　　　物	135,068,705	預　　り　　金	131,560
機　械　設　備	1,742,123	固 定 負 債	164,832,525
車 輌 運 搬 具	3,561,770	長 期 借 入 金	163,000,000
工 具 器 具 備 品	386,163	そ　の　他	1,832,525
土　　　　地	125,173,332	負 債 合 計	270,246,445
無 形 固 定 資 産	244,061	純 資 産 の 部	
電 話 加 入 権	244,061	株 主 資 本	47,990,611
投 資 そ の 他 の 資 産	6,949,692	資　　本　　金	40,000,000
出　　資　　金	2,790,000	利 益 剰 余 金	7,990,611
長 期 貸 付 金	4,000,000	利 益 準 備 金	2,500,000
そ　の　他	159,692	その他利益剰余金	5,490,611
繰 延 資 産	2,000,000	繰越利益剰余金	5,490,611
創　　立　　費	2,000,000	純 資 産 合 計	47,990,611
資 産 合 計	318,237,056	負債・純資産合計	318,237,056

【実例】

連結貸借対照表

（2020年12月31日現在）　　　　　　　（単位：百万円）

科　　　目	金　　額	科　　　目	金　　額
（資 産 の 部）		（負 債 の 部）	
流 動 資 産	256,255	流 動 負 債	216,962
現 金 及 び 預 金	108,588	支 払 手 形 及 び 買 掛 金	75,466
受 取 手 形 及 び 売 掛 金	112,639	短 期 借 入 金	50,716
商 品 及 び 製 品	11,966	リ ー ス 債 務	1,499
仕 掛 品	788	未 払 法 人 税 等	6,179
原 材 料 及 び 貯 蔵 品	10,442	未 払 費 用	40,079
そ の 他	12,212	賞 与 引 当 金	4,571
貸 倒 引 当 金	△ 382	販 売 促 進 引 当 金	1,232
固 定 資 産	458,188	資 産 除 去 債 務	1
有 形 固 定 資 産	315,572	そ の 他	37,214
建 物 及 び 構 築 物	103,467	固 定 負 債	135,098
機 械 装 置 及 び 運 搬 具	84,528	長 期 借 入 金	16,601
工 具, 器 具 及 び 備 品	8,362	リ ー ス 債 務	2,879
土 地	110,593	役 員 退 職 慰 労 引 当 金	4,072
リ ー ス 資 産	3,923	環 境 対 策 引 当 金	1
建 設 仮 勘 定	4,697	退 職 給 付 に 係 る 負 債	100,222
無 形 固 定 資 産	21,481	資 産 除 去 債 務	4,744
の れ ん	12,030	そ の 他	6,575
そ の 他	9,451	負 債 合 計	352,060
投 資 そ の 他 の 資 産	121,134	（純 資 産 の 部）	
投 資 有 価 証 券	68,442	株 主 資 本	314,684
長 期 貸 付 金	824	資 本 金	11,014
退 職 給 付 に 係 る 資 産	378	資 本 剰 余 金	9,660
繰 延 税 金 資 産	25,409	利 益 剰 余 金	299,251
そ の 他	28,747	自 己 株 式	△ 5,241
貸 倒 引 当 金	△ 2,668	その他の包括利益累計額	15,802
		その他有価証券評価差額金	25,168
		土 地 再 評 価 差 額 金	99
		為 替 換 算 調 整 勘 定	91
		退職給付に係る調整累計額	△ 9,556
		非 支 配 株 主 持 分	31,896
		純 資 産 合 計	362,383
資 産 合 計	714,443	負 債 純 資 産 合 計	714,443

（注）　記載金額は, 百万円未満を切り捨てて表示しております。

山崎製パン （株）　開示資料より

元手にもいろいろある

流動負債と固定負債

ここでは貸借対照表の右側を取り上げます。

貸借対照表の右側は資金調達の状況を示します。第4章〜5章の例で言えば、買掛金、借入金、資本金、利益がそれに当たります。買掛金という代金支払い義務を負うことで一時的にお金を調達したり、銀行から借金をすることで資金調達したりといった、資金調達の内訳を示します。

第2章〜3章では全体像の把握を優先させるため、細かいルールを無視してこれら右側の構成要素をストーリーに現れる順に上から並べていきました。

第4章〜5章では「**より早く現金で支払わねばならないものほど上に配列する**」という点だけを考慮し、配列順序を若干調整しました。

正式な貸借対照表を作るさいには、もう少し細かい決めごとがあります。これらの項目を「**他人資本（他人から借り入れた分）か自己資本（自己資金）か**」でまず大きく区分するのです（他人資本と自己資本については第5章で説明しました。内容をお忘れの方は70頁をご参照ください）。

他人資本の部分を負債、自己資本の部分を資本と大別します。このうち負債の部分は、資産の区分と同じ考え方、すなわち**ワン・イヤー・ルール（一年基準）と営業循環基準**で、流動負債と固定負債に

区分します。

基本的な運用基準は資産サイドと同じ

　ワン・イヤー・ルールでは負債の場合，決算日の翌日から1年以内に支払い期限の到来するものを流動負債（より早く現金で支払わなくてはならない負債）とし，それ以外のものを固定負債（支払い猶予の長い負債）として区分します。

　営業循環基準の場合も，通常の営業取引のサイクルに現れる負債項目は買掛金，支払手形，前受金など，となります。

　支払手形および前受金については，これまでふれる機会がなかったので簡単に説明しておきます。支払手形は，買掛金と同じように掛けで商品などを仕入れるさい現れる勘定科目です。買掛金の場合は買った側が売った側に「いついつまでに払います」という約束をするだけですが，支払手形の場合は手形という証書を発行して約束を保証するため，買掛金より法的拘束力が強くなります。

　前受金は，商品やサービスを販売するさい，実際の商品の引渡しやサービスの提供前に一部の代金を前払いで受け取るケース，「手付け金」のようなものです。代金を受け取っておきながら，その対価である商品の引渡しやサービスの提供はしていないため，相手に対して商品の引渡しやサービスの提供を行う債務を負うことになります。相手からお金を借りていると考えてもいいですが，お金で返済するのではなく，商品の引渡しやサービスの提供で返済すると考えてください。

　いずれにせよ，この営業サイクルの過程に現れる勘定はすべて流動負債とみなすのが営業循環基準です。

128

第4章〜5章の例で言えば，買掛金や短期借入金が流動負債の代表選手であり，長期借入金が固定負債の代表選手です。

借入金は，返済期限が1年以内の短期であれば（短期借入金）流動負債ですが，1年以上であれば（長期借入金）固定負債です。ちなみに第5章のケースは土地を購入するための借入金であり，長期で借り入れるのが一般的です。

その他の代表的構成要素

流動負債，固定負債それぞれについて，この他の構成要素をまとめておきます。参考にしてください。

> 流動負債：短期借入金（1年以内に支払期限の来る借入金）
> 未払金（買掛金以外の未払額と考えてください）
> 固定負債：長期借入金（支払期限が1年を超える借入金）
> 社債（社債という有価証券を会社が発行することによって資金調達することで生じる債務）

純資産の構成要素

これまで資本として説明してきたものを，正式な表示形式に合わせて**純資産**として説明していきます。

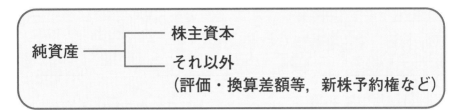

　純資産は**株主資本**とそれ以外のものがありますがここでは株主資本以外のことは忘れて株主資本の構成要素だけ知っておいてください。

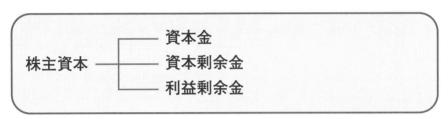

　資本剰余金は**資本準備金**と**その他資本剰余金**に，利益剰余金は**利益準備金**と**その他利益剰余金**に区分されます。

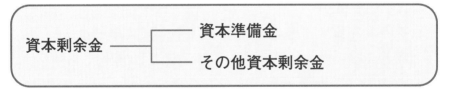

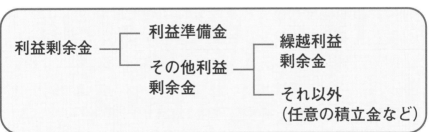

　その他利益剰余金は，利益処分の対象としないこととした積立金以外は，過去の利益の累積額である**繰越利益剰余金**からなります。

　これまで当期の利益は資本にはいると説明してきましたが表示上当期の利益は，繰越利益剰余金の中に含まれます。

 資本金とは？

　これまでは全体像の把握を優先させるため，資本金の定義を「元入れの自己資金分に相当するもの」としてきました。しかし，ここからはもう少し正確な定義が必要となります。というのも，これから順に解説する資本金，法定準備金，剰余金は，いずれも「元入れの自己資金分に相当するもの」には違いなく，ここではなぜそれらを区分して表示するかを問題とするからです。

　株式会社を例に資本金の意味するところをもう少し掘り下げてみま

株式会社には，
◆会社を運営する上での元手をより多く集めるため，複数の人びとにお金を拠出してもらう（出資してもらう）。
◆会社側は個々の出資者に対し，**出資してもらったお金に相当する権利（会社を持分に応じて所有する権利）を与える。**この持分に対する権利を**株式**と呼ぶため，その所有者である出資者は株主と呼ばれる。
◆一方で，個々の出資者（株主）は会社に対し，**自分が出資した金額以上の責任を負わない**（有限責任といい，会社が倒産しても，自分が出資した金額を失うだけで，それ以上の弁済義務はない），という特徴があります。

す。そのためにはまず，株式会社についての理解を深める必要があります。

　この点を理解した上で，「株式会社にとっての資本金とは，株主による出資金である」と考えてください。

　株式の発行は額面で行われていた（50円出資してもらったら，50円の額面の株式を発行していた。出資額＝株式額面）時代があったのですが，1970年代以降の時価発行の時代を経て2001年から額面株式が廃止されました。

　資本金に組み込まれるのは払込金額の全部又は一部となります。払込金額の２分の１を超えない額を資本金としないことができ，その額は**資本準備金**となります。

⬤ 法定準備金とは？

　129頁の図による説明で，株主資本のうち，資本金以外の部分は，資本剰余金と利益剰余金に分かれ，資本剰余金の中に資本準備金が，利益剰余金の中に利益準備金があると言いました。この資本準備金と利益準備金を合わせて，法定準備金と言います。準備金という名前が共通点です。

　株主に分配（配当）するとき，資本金を取り崩して払い戻すことはもちろん許されませんが，法定準備金を取り崩して分配することも許されません。

　以前の資本の部の表示（純資産の部になる前の話です）は，資本金の次に，法定準備金を表示する形になっていました。これは，法律上の扱いを優先させた表示と言えました。

資本準備金の典型は，払込額のうち，2分の1を超えない額を資本金とせず，資本準備金に組み入れることができることで生じる株式払込剰余金です。

利益準備金は株主への分配（配当）をする際，配当額の10分の1に当たる額を積み立てるという規定に基づいた準備金です。

2つの準備金は，資本金と共に，社内に留保される金額となりますが，資本金の4分の1に達していれば，分配に伴う利益準備金の積立ては不要となります。また，資本金の4分の1を超える額はその他の剰余金に振り替えることができます。

⬤ 資本剰余金と利益剰余金とは？

資本の部の表示名が純資産の部に変わったとき，法定準備金と剰余金に分けていた表示も，資本剰余金と利益剰余金に分ける表示に変わりました。

これは会計の伝統的な考え方である資本と利益を分ける，という考え方に基づいています。払込みによって生じたものは資本剰余金に，利益によって生じたものは利益剰余金になります。法定準備金にならないものが，それぞれの分類で，その他資本剰余金，その他利益剰余金となります。この段階では，その他利益剰余金の中にある繰越利益剰余金だけ覚えておけば結構です。

繰越利益剰余金は，毎年の損益が組み込まれる場所です。一般に配当を行うときは，この金額から配当額が差し引かれるのが一般的です。

さらに理解を深めたい人のために

　株主資本で，資本金以外の部分を資本剰余金と利益剰余金を分ける会計の考え方はどこから来るのでしょうか？　実は，それほどむずかしいことを考えているのではありません。資本（元手）と利益（果実）を分けて表示しようというものです。なるほどと思います。

　でも，どうしても必要な区別なのかはよくわかりません。元手を基にして稼いだ利益は資本に還元されるというとき，還元され組み込まれた以上，もう資本の中で一緒にしていいのではないかという考えもあります。もっとややこしい話をしますと，状況によっては，損失が続いて繰越利益剰余金の金額がマイナスの欠損金になっているとき，その他資本剰余金の金額を回して補てんすることが認められているのです（逆方向の補てんもあります）。

　そのようなことを考え合わせると元手と利益の区分をどこまで追求するかは，結構答えの出しづらい問題ということが言えます。

【図4】貸借対照表の構造

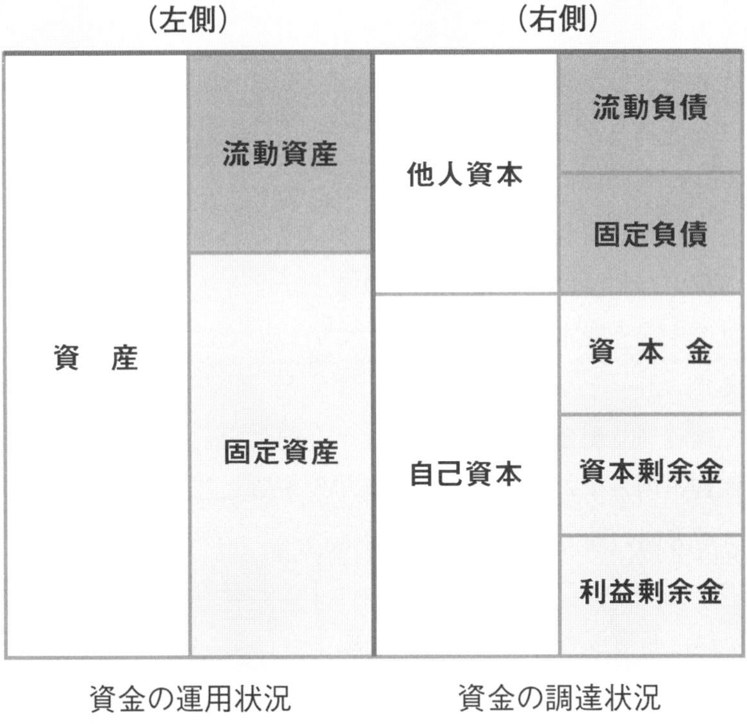

| （左側） | （右側） |

	流動資産	他人資本	流動負債
資　産			固定負債
	固定資産	自己資本	資　本　金
			資本剰余金
			利益剰余金

| 資金の運用状況 | 資金の調達状況 |

構成要素を知る (2)

この章では，財務諸表の構成要素の
うち，損益計算書の中身について解
説します。

儲けにもいろいろある

● 企業の収益力を正しく伝える

この章では損益計算書の構成要素を取り上げます。

これまでは，全体像の把握を優先させるため，儲け（利益）を一本で表示してきました。すなわち，

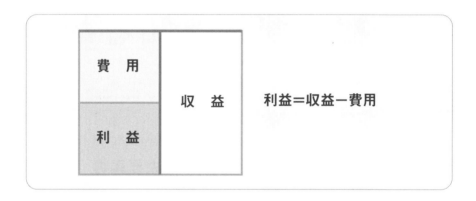

というとらえ方です。

貸借対照表との関連でも，「資本の循環活動（投資と回収，再投資）あるいは運用によって一定期間にどれだけ資本が増えたかを示すのが利益である」ということだけで，その中身にはふれませんでした。

ところが，実際に損益計算書を作成するさいには，利益の中身をもう少し細かく区分します。というのも，ひとくちに利益といっても，それが毎期経常的に発生する収益と費用との対応による期間損益なの

か，災害等特別な要因による損益を含むのか，といったことがわから
なければ，当該企業本来の収益力を推し量ることはできないからです。

　当該会計期間にたまたま発生した特殊要因によって大幅な利益が出
た，大幅な赤字が出た，といったことを知らずに当該企業の収益力を
判断する愚は言うまでもありません。財務諸表は債権者や投資家等さ
まざまな利害関係者に有用な情報を提供するビジネスのコミュニケー
ション・ツールです。それゆえ利害関係者の意思決定を歪めるような
ものであってはならないわけです。

利益の階層構造

　次頁の図に示したとおり，利益はいくつかの階層構造になっていま
す。このなかでもっとも大きいのが，経常損益の部と特別損益の部の
階層です。前述のとおり，当該企業の収益力を正しく推し量るには，
その会計期間にたまたま発生したような異常値あるいは非経常的な要
因を取り除かねばなりません。そのためには，まず経常損益と特別損
益とを分けて考える必要があります。

すう勢比較

　財務諸表から何かを読みとるためにはすう勢比較は欠かせません。
一期だけの損益で判断を下すのはむずかしいことです。

【図5】利益の階層構造

売 上 高 売 上 原 価 　売上総利益 販売管理費 　営 業 利 益	**営業損益の部** （毎期本業から生する収益と費用の対応による期間損益）
営業外収益 営業外費用 　経 常 利 益	**経常損益の部** （毎期経常的に発生する収益と費用の対応による期間損益）
特 別 利 益 特 別 損 失	**特別損益の部** （臨時的あるいは非経常的な要因による損益）
税引前当期純利益	（すべての収益費用を含む期間損益）
法人税, 住民税及び事業税	法人の所得を基礎に課税される税額
当期純利益	包括的な期間損益

 ## 売上高はいつ計上する？

ここでは，経常損益の中身から順に見ていきます。

まず最初は売上高についてです。「売れた分を計上するだけだから，

何も問題ないだろう」と簡単に思うかもしれません。しかし，これが案外むずかしいのです。というのも商品の販売は，「注文を受けて，商品を梱包し，これを発送し，商品が顧客の手元に到着し，顧客がこれを検品して注文どおりの商品であることを確認し，代金が支払われる」という具合に多くのプロセスを経て完了します。したがって，「どの段階で売上として計上すべきか」「収益として認識すべきか」が実務上はとても重要になります。

　会計上は，「**商品の引渡しの時点をもって収益（売上）として認識する**」のが基本ですが，実務上は「いつの時点をもって商品の引渡しの時期と見なすか」が問題となります。発送した時点とするのか，顧客の手元に到着した時点とするのかによって，決算日に輸送途上にある商品の扱いは変わってきます。

　「たかが売上高，されど売上高」というわけです。

　ちなみに最後の点については，商品を発送した時点で売上を計上するのが一般的です。

◯ 売上原価と売上総利益（粗利益）

　次は売上原価です。

　売上原価とは販売された商品の原価のことです。第7章で収益と費用について説明するさい，「**利益を増やす要素と利益を増やすために犠牲になる要素の対応**」という話をしましたが，売上高と売上原価はまさにこの対応関係そのものです。

　この売上高と売上原価の差額である売上総利益は，ある意味で「その会社の商品がどれだけの付加価値を有しているか」を示すと言えま

す。売る側にとっては、「その商品をどれだけ高く売れるか（その原価にどれだけ多くの利益を上乗せできるか）」を示すからであり、買う側から言えば「どれだけ高くても買う価値があると思うか」を示すからです。それゆえ、**売上総利益**（一般には「粗利」と呼ばれることが多い）**は当該企業の商品力（製品力）を示す**と言われます。

販売管理費と営業利益

　この売上総利益から、販売管理費（従業員の給料、事務所家賃、通信費、光熱費、広告宣伝費、販売促進費、その他雑費等）を差し引いた残りが**営業利益**です。

　仮に売上総利益が会社の商品力を示すとするなら、営業利益はそれを売り込む営業マンや後方部隊、広告宣伝や販売促進にかかる費用などを加味した利益ですから、**営業の効率性を含めた当該企業の収益力を示す**と言えます。営業利益こそ企業の実力という見方があります。

営業外損益と経常利益

　営業利益に営業外損益を加味したのが経常利益です。

　営業外損益は、その名の示すとおり若干毛並みの異なる損益です。毎年経常的に発生する収益と費用の対応によって求められる期間損益には違いないものの、本来の商品やサービスの売買以外の収益と費用の対応関係を示します。

　代表的なのは、受取利息や支払利息といった金融収支です。事業を行っていく上で借入金が必要な場合が多く、その際は支払利息は事業

上欠かせない物となります。営業外費用というより営業を支える財務費用といった方がよさそうです。財務費用を負担できる十分な営業利益が必要です。このため経常利益は，**基礎体力を含めた当該企業の収益力を示す**と言えます。

特別損益と税引前当期純利益

ここまでが当該企業本来の収益力を示す利益の階層構造です。

これに特別損益を加味したのが税引前当期利益です。前述のとおり，特別損益は，臨時的あるいは非経常的な要因による損益ですから，特定の年度に固有の要素です。一過性の損益の内容を分析して将来予測の上で無視してよいものか吟味が必要になります。

法人税・住民税および事業税と当期純利益

法人税・住民税および事業税は法人所得を基礎にした税金です。所得は会計上の利益に近似したものなので，費用とはせず利益から差し引く考え方となります。

当期純利益は当期の包括的な利益です (注)。

（注）　近年，包括利益という概念が連結財務諸表で表示されますが，この段階では取り上げません。

勘定式と報告式

　損益計算書はサンプルと実例のように上下に書き下ろす形式が一般的です。これまでの章で見てきた左右対称的な表示方法を**勘定式**と呼ぶのに対し，上下に書き下ろす表示方法を**報告式**と呼びます。

　貸借対照表の場合は，資金の調達状況と運用状況の対応関係がわかりやすく表示できることもあって勘定式の方が一般的ですが，損益計算書の場合は，利益の階層構造をわかりやすく表示できるため報告式の方が一般的です。

損益計算書のサンプルと実例

　以下に損益計算書のサンプルと実例を掲載します。連結損益計算書の場合は，当期純利益を表示した後に，非支配株主帰属する当期純利益を控除して親会社株主に帰属する当期純利益を最後に表示しています。本書のレベルではイメージをつかむまでとしてください。

【サンプル】

損 益 計 算 書

自　2024年4月1日
至　2025年3月31日

株式会社たまごクラブ

科　　　目	金	額
経 常 損 益 の 部		円
（営業損益の部）		
売　上　高		
売　上　高	119,983,663	
ライセンス収入	26,692,215	146,675,878
売　上　原　価		
期首商品棚卸高	40,480,395	
仕　入　高	71,348,929	
ライセンス経費	15,991,180	
合　　　計	127,820,504	
期末商品棚卸高	36,101,314	91,719,190
売 上 総 利 益		54,956,688
販売費及び一般管理費		48,889,855
営 業 利 益		6,066,833
（営業外損益の部）		
営 業 外 収 益		
受　取　利　息	924	
雑　収　入	1,806,420	1,807,344
営 業 外 費 用		
支　払　利　息	1,641,512	
雑　損　失	4,485,345	6,126,857
経 常 利 益		1,747,320
税 引 前 当 期 利 益		1,747,320
当 期 法 人 税 等		632,500
当 期 利 益		1,114,820
前期繰越利益剰余金		4,375,791
当期未処分利益剰余金		5,490,611

144

【実例】

連結損益計算書

$$\begin{pmatrix}2020年1月1日から\\2020年12月31日まで\end{pmatrix}$$ （単位：百万円）

科　　　　　目	金	額
売　　　上　　　高		1,014,741
売　　上　　原　　価		661,123
売　上　総　利　益		353,618
販　売　費　及　び　一　般　管　理　費		336,180
営　業　利　益		17,438
営　業　外　収　益		
受　　取　　利　　息	107	
受　取　配　当　金	1,210	
賃　　貸　　収　　入	917	
持　分　法　に　よ　る　投　資　利　益	402	
そ　の　他　の　営　業　外　収　益	1,283	3,921
営　業　外　費　用		
支　　払　　利　　息	653	
賃　　貸　　費　　用	337	
為　　替　　差　　損	240	
そ　の　他　の　営　業　外　費　用	394	1,625
経　　常　　利　　益		19,734
特　　別　　利　　益		
固　定　資　産　売　却　益	85	
助　成　金　収　入	113	
投　資　有　価　証　券　売　却　益	69	
そ　　の　　他	5	273
特　　別　　損　　失		
固　定　資　産　除　売　却　損	1,630	
減　　損　　損　　失	1,276	
臨　時　休　業　等　関　連　損　失	456	
そ　　の　　他	237	3,601
税　金　等　調　整　前　当　期　純　利　益		16,406
法　人　税，住　民　税　及　び　事　業　税	9,160	
法　人　税　等　調　整　額	△　737	8,423
当　　期　　純　　利　　益		7,983
非　支　配　株　主　に　帰　属　す　る　当　期　純　利　益		1,026
親　会　社　株　主　に　帰　属　す　る　当　期　純　利　益		6,956

（注）　記載金額は，百万円未満を切り捨てて表示しております。

山崎製パン（株）　開示資料より

言葉に慣れる

 ## 基本を理解したらどんどん現物にあたる

　財務諸表の代表選手である貸借対照表と損益計算書の構成要素のうち，一部についておおよその内容を見てきました。財務諸表の実物を見たことのある方はおわかりのとおり，貸借対照表や損益計算書にはこの他にも数多くの専門用語が出てきます。

　しかし，それらをただ暗記しようとしても苦痛ですし，意味がありません。それよりもむしろ，基本構造について**おおよそ理解できたら，実際に財務諸表を見てみる**ことです。「自分はまだ基礎的なことを部分的に学んだだけだから，本物の財務諸表を見てもわからないだろう」などと決めつけずに，どんどん見てみてください。**部分的な基礎知識だけでも結構いろんなことがわかるもの**です。

　見ていく過程で忘れた点やわからないことが出てきたら，その都度入門書に立ち戻って確認すればいいのです。そして確認後また読んでみる。これを地道に繰り返していくうち，むずかしいと思っていた財務諸表が知らず知らずのうちに身近なものになっているはずです。

　「基本的な事項をすべてカバーしてから……」などと思っていると，いつまで経っても本物の財務諸表を見る機会は訪れません。

「言葉を覚える」のでなく「言葉に慣れる」

「言葉を覚える」のでなく「言葉に慣れる」ことです。そのためには入門書を何冊も読むより本物の財務諸表に数多く目を通す方が効果的です。

材料は身近なところにいくらでもあります。以前は日本経済新聞の紙面を注意して見ていれば、上場会社の決算公告にしばしばお目にかかれました。

今の時代はインターネットを使って会社の財務諸表をいくらでも見ることができます。

どんな形にせよ、まずは現物を数多く見て言葉に慣れること。「習うより慣れろ」です。

第10章

キャッシュ・フロー計算書

この章では，第3の財務諸表，
キャッシュ・フロー計算書について，
噛みくだいて解説します。

「キャッシュ・フロー計算書」

財務諸表の3本目の柱

キャッシュ・フロー計算書は貸借対照表と損益計算書に次ぐ3つ目の基本財務諸表です。

キャッシュ・フロー計算書は上場会社の連結財務諸表で開示されるだけですが，この開示によって財政状態，損益状態，資金状態の3方向からの情報が見られます。「資金」の概念は重要なので，ここで簡単にふれておきましょう。

● 現金増減の「原因」をわかりやすくまとめた表

キャッシュ・フロー計算書はキャッシュの増減を原因別に大別してとらえたものです。「営業活動によるキャッシュ・フロー」はキャッシュの増減による営業利益計算のようなものです。損益計算書の利益は，貸借対照表の資産・負債の期中増減と一致しています（増資や配当による資産負債の期中増減を除く）が，C／Fは現金の期中増減をとらえたものです。

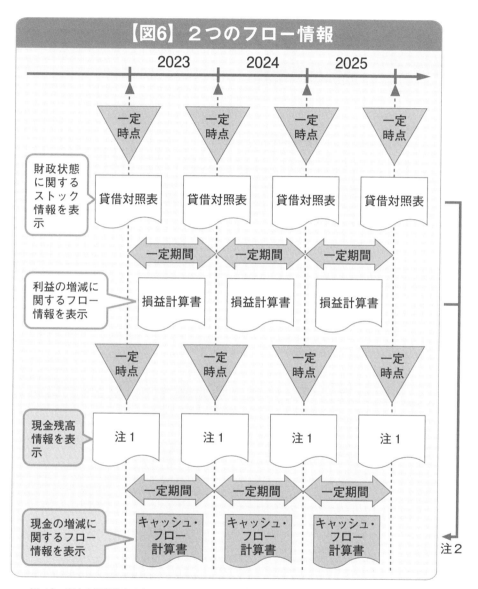

【図6】 ２つのフロー情報

（注１） 現金の期首残高はキャッシュ・フロー計算書に，期末残高はキャッシュ・フロー計算書および貸借対照表に表示される。

（注２） キャッシュ・フロー計算書は貸借対照表と損益計算書から間接的に（原始記録の集計ではなく）作成できる。

キャッシュ・フロー計算書の基本構造

 ## シンプルな基本構造

　キャッシュ・フロー計算書の基本構造はとてもシンプルです。キャッシュの動きが外部の人でも簡単にわかるよう工夫されています。わかりやすさの鍵はキャッシュの色分け（区分）にあります。

　キャッシュ・フローをその性格に応じて3つに区分して表示しているのです。具体的には，「営業活動によるキャッシュ・フロー」「投資活動によるキャッシュ・フロー」「財務活動によるキャッシュ・フロー」の3つです。

表示方法が2種類ある営業キャッシュ・フロー

　表示のイメージとしては次のとおりです。

　営業活動によるキャッシュ・フローは「本業でどのくらいのキャッシュ・フローを稼ぎ出しているか？」を，投資活動によるキャッシュ・フローは「そのうちどのぐらいのキャッシュ・フローを将来の成長のために使っているか？」を，財務活動によるキャッシュ・フローは「残ったキャッシュ・フローをどのように使っているか？（株主への配当や，財務体質改善のため借入金の返済に回すなど）」を，それぞれわかりやすく区分表示しています。

　このうち，営業活動によるキャッシュ・フローだけは直接法と間接

法の2つの表示方法が認められています。ほとんどの企業が間接法を採用しています。この方法は損益計算書の純利益を，キャッシュ・フローの増減に調整するものです。調整内容によって利益とキャッシュ（の純増加）の「ずれ」が理解できます。利益とキャッシュ（の純増加）は業種や個別企業の特性が現われます。間接法は簡便に作成できるだけでなく，利益とキャッシュの関係という重要な情報を提供します。

⚪ キャッシュ・フロー計算書のサンプルと実例

　以下にキャッシュ・フロー計算書のサンプルと実例を掲載します。この会社の場合，貸借対照表の現金および預金と，キャッシュ・フロー計算書の現金および現金同等物の期末残高が一致しません。これは範囲が異なるためで，キャッシュ・フロー計算書の注記で説明されますが，本書では省略します。本書のレベルではイメージをつかむまでとしてください。

152

【サンプル】

キャッシュ・フロー計算書

Ⅰ　営業活動によるキャッシュ・フロー	
税金等調整前当期純利益	×××
減価償却費	×××
受取利息および受取配当金	－×××
支払利息	×××
売上債権の増加額	－×××
棚卸資産の減少額	×××
仕入債務の減少額	－×××
小　計	×××
利息および配当金の受取額	×××
利息の支払額	－×××
法人税等の支払額	－×××
営業活動によるキャッシュ・フロー	×××
Ⅱ　投資活動によるキャッシュ・フロー	
有価証券の取得による支出	－×××
有価証券の売却による収入	×××
有形固定資産の取得による支出	－×××
有形固定資産の売却による収入	×××
投資有価証券の取得による支出	－×××
投資有価証券の売却による収入	×××
貸付けによる支出	－×××
貸付金の回収による収入	×××
投資活動によるキャッシュ・フロー	×××
Ⅲ　財務活動によるキャッシュ・フロー	
短期借入れによる収入	×××
短期借入金の返済による支出	－×××
長期借入れによる収入	×××
長期借入金の返済による支出	－×××
社債の発行による収入	×××
社債の償還による支出	－×××
株式の発行による収入	×××
自己株式の取得による支出	－×××
配当金の支払額	－×××
財務活動によるキャッシュ・フロー	×××
Ⅳ　現金および現金同等物に係る換算差額	×××
Ⅴ　現金および現金同等物の増加額	×××
Ⅵ　現金および現金同等物の期首残高	×××
Ⅶ　現金および現金同等物の期末残高	×××

期首・期末残高と共に期中増減額を表示

（注）　間接法によっています。

【実例】

連結キャッシュ・フロー計算書

（2020年1月1日から2020年12月31日まで）

（単位：百万円）

営業活動によるキャッシュ・フロー	
税金等調整前当期純利益	16,406
減価償却費	37,420
減損損失	1,276
災害損失	11
臨時休業等関連損失	456
のれん償却額	1,526
貸倒引当金の増減額（△は減少）	△133
賞与引当金の増減額（△は減少）	133
退職給付に係る負債の増減額（△は減少）	1,861
役員退職慰労引当金の増減額（△は減少）	253
受取利息及び受取配当金	△1,317
持分法適用会社からの配当金の受取額	128
支払利息	653
投資有価証券売却損益（△は益）	△65
補助金収入	－
助成金収入	△113
持分法による投資損益（△は益）	△402
固定資産除売却損益（△は益）	1,545
投資有価証券評価損益（△は益）	47
売上債権の増減額（△は増加）	2,413
たな卸資産の増減額（△は増加）	593
仕入債務の増減額（△は減少）	△3,276
未払消費税等の増減額（△は減少）	△3,117
その他	169
小計	56,470
利息及び配当金の受取額	1,318
利息の支払額	△652
法人税等の支払額	△9,678
その他	△300
営業活動によるキャッシュ・フロー	47,157

投資活動によるキャッシュ・フロー

定期預金の増減額（△は増加）	△503
有形固定資産の取得による支出	△34,566
有形固定資産の売却による収入	160
無形固定資産の取得による支出	△2,436
投資有価証券の取得による支出	△972
投資有価証券の売却による収入	211
賃貸固定資産の取得による支出	△7
貸付けによる支出	△81
貸付金の回収による収入	65
その他	△492
投資活動によるキャッシュ・フロー	△38,623

財務活動によるキャッシュ・フロー

短期借入金の増減額（△は減少）	1,720
リース債務の返済による支出	△1,774
長期借入れによる収入	3,600
長期借入金の返済による支出	△10,194
社債の償還による支出	△140
自己株式の取得による支出	△0
配当金の支払額	△4,338
非支配株主への配当金の支払額	△364
連結の範囲の変更を伴わない子会社株式の取得による支出	△93
財務活動によるキャッシュ・フロー	△11,585
現金及び現金同等物に係る換算差額	△22
現金及び現金同等物の増減額（△は減少）	△3,073
現金及び現金同等物の期首残高	105,916
新規連結に伴う現金及び現金同等物の増加額	－
現金及び現金同等物の期末残高	102,842

山崎製パン（株）　開示資料より

キャッシュ・フロー計算書を
読むポイント

営業活動によるキャッシュ・フロー

　本業による営業活動でどれだけのキャッシュ・フローを生み出しているかを示します。当然のことながら，3つの区分のなかでもっとも重要なキャッシュ・フローです。

　営業キャッシュ・フローは通常の会社では，プラスになります。損益計算書で言えば，営業利益に似ていますが，営業利益の計算では減価償却費を控除します。その点，営業キャッシュ・フローはキャッシュの流出を伴わない減価償却費が引かれません。152頁および153頁の間接法のサンプルで減価償却費が加算されているのは，利益計算で引かれたものを加算して戻しているものです。本業に関わるものですし，償却負担もありませんから，営業キャッシュ・フローはプラスになってほしいものです。借入を増やさければならなくなったり，思い通りの設備投資ができなくなったりします。

　ただ，稀には費用となる企業の投資（たとえば，急増する賃料や人件費）が先行することで成長企業の営業キャッシュ・フローがマイナスになることもないわけではありません。それが一時的なマイナスかどうかの見極めが大事です。

投資活動によるキャッシュ・フロー

　設備投資への投資がメインですから，通常マイナスになります。

　将来の成長のために資金をどのように使うかが経営のポイントです。

　企業価値を評価するには，過去の実績や現在の経営成績・財政状態の検証も大切ですが，将来の成長のためにどんな手を打っているか，経営者の方針通りに投資活動を行っているか確認が不可欠です。

　「投資活動によるキャッシュ・フロー」の欄には，そうした企業の基本方針（将来生み出すキャッシュ・フローを最大にするため，どんな準備活動をしているか）が数字として現れます。

財務活動によるキャッシュ・フロー

　本業での営業活動や将来の成長のための投資活動の結果，残ったキャッシュ・フローをどう使っているかを示します。

　「財務活動によるキャッシュ・フロー」は，健全な企業の場合は借入を減らすためにマイナスに，本業不振企業の場合は借入を増やすためにプラスになる傾向があります。

　その一方で，成長をめざす企業も投資を積極的に行いますから資金調達が必要でマイナスになる傾向があります。

フリー・キャッシュ・フローとは？

　フリー・キャッシュ・フローは経営指標で事業基礎を維持する上で必要となるキャッシュ・フローを超えて獲得したキャッシュ・フロー

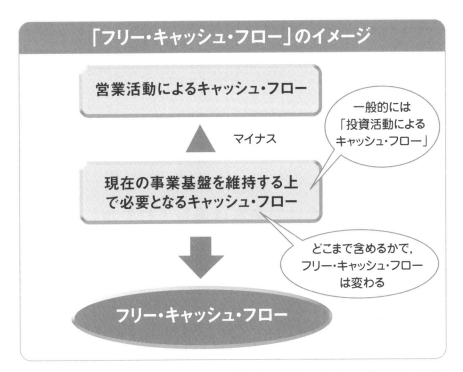

を言います。キャッシュ・フロー計算書で簡便に把える場合は，**営業キャッシュ・フローの数値と投資キャッシュ・フローの合計額**を見ます。

　人によっては，「営業キャッシュ・フローから投資キャッシュ・フローを差し引いた額」ということもあります。説明したとおり，投資キャッシュ・フローはマイナスですから，プラスとマイナスを合計するというのは，感覚的には差し引くという説明をしたくなります。

　営業キャッシュ・フローが1,000で投資キャッシュ・フローが－700のとき，簡便的に計算したフリー・キャッシュ・フローは300になります。

　フリー・キャッシュ・フローは経営者が裁量によって使える金額と

言われます。たとえば，株主への分配（配当）に充てるとか，役員や従業員へのボーナス（業績によって与えられる業績賞与というものがあります）に充てることが考えられます。借入金を減らして財政基盤を強くすることも考えられます。フリー・キャッシュ・フローの数字が動いてしまいますが，将来の成長のために，前倒しで追加投資をすることも考えられます。

「読む」だけであれば決してむずかしくない

　経理部に勤務している人は別として，ほとんどの人にとってのキャッシュ・フロー計算書とは「読む」ものです。「作る」ものではありません。

　これは他の財務諸表にも言えることですが，「読む」だけなら決してむずかしいものではありません。変な苦手意識は捨てることです。

　まずは基本構造を理解すること。全体像をつかむこと。これさえ終わったら，あとはできるだけ多くの現物にあたること。「習うより慣れろ」です。

　これから投資しようとする企業の資金状態を把握する，すでに株式を保有している企業の資金状態を検討する，その他さまざまな局面でキャッシュ・フロー計算書は貴重な情報を提供してくれるはずです。

財務諸表を読んでみる

この章では，財務諸表を読むさいの留意点について，噛みくだいて説明します。

何が見たいのか？

漠然と見るのでなく焦点を絞る

　財務諸表は会社を取り巻くさまざまな利害関係者に利用されています。逆に言えば，財務諸表にはそれだけ多くの情報が含まれているわけです。

　一方，個々の利害関係者が知りたい内容はその立場により微妙に異なります。会社の株を保有している人，これから保有しようとしている人は，「その会社がどれだけ多くの利益を生み出す可能性を秘めた会社か」（収益性）がもっとも気になるでしょうし，会社にお金を貸している人，これから貸そうとしている人は，「その会社は貸した金を返す力があるか」（支払い能力）がもっとも知りたいはずです。

　もちろん会社の収益性や支払い能力は，相互に関連する要素も多く総合的な視点での判断は不可欠です。事実，多くの経営者はこうした総合的な視点で自社の財務状況を見極めながら，会社の舵取りをしています。そういう意味では，財務諸表を読む訓練をするさいも，全体を何となく眺めながら少しずつそれに慣れていくという方法もあります。

　しかしながら，何となく全体を眺めていただけでは，いつまで経っても何となくしかわかりません。

　したがって，日頃仕事で財務諸表にふれる機会の多い方は別として，一般の入門レベルの方には，まず**自分が見ようとする内容，視点を決**

めてから**財務諸表を眺める**こと，焦点を絞ることをお勧めします。

　たとえば，「自分がお金を投資するに足るだけの収益力のある会社か」という投資家の視点で眺めたり，「自分がお金を貸しても大丈夫か，貸した金を返してもらえるか」という債権者の視点で眺めてみるのです。

　こうすることにより，見る人を威圧するほど多くの勘定科目や数字が並んだ財務諸表も，重点的に見るべき箇所は自ずと限られてきます。見る優先順位もはっきりします。慣れてしまえば，それほど時間をかけなくても結構多くのことがわかるものです。

　企業情報の分析は，仮説を立てて検証し，また新たな仮説が浮かび上がったら，さらにその仮説を検証する作業の積み重ねです。ある意味では「いかに楽をして（最短距離で）企業の実態に迫れるか」が分析上達の鍵を握るといっても過言ではありません。

どこを見ればいいのか？

財務諸表のすべてを見る必要はない

「何を見たいのか」が決まれば，とくに注意して見る場所の優先順位が決まります。財務諸表には実に多くの勘定科目や数字が並んでいますが，必ずしも全部を見る必要はありません。

ただし，どの視点から見る場合にも必ず心がけていただきたいのは次の4点です。

> ・大きく見てから小さく見る
> ・長く見てから短く見る
> ・ヨコに見てからタテに見る
> ・分析のための分析に陥らない

大切な点なので，それぞれについて簡単に補足説明します。

大きく見てから小さく見る

「木を見る前に森を見る」という話です。

これは企業分析に限った話ではありません。全体像をつかむ前に細かい点に目を奪われると仮説の立て方を根本的に誤りかねません。仮説の立て方を誤ると分析そのものが的外れになるばかりか，結果的に

多くの時間を無駄にすることになりかねません。

　バランスシートであれば，いきなり個々の勘定科目を見るのでなく，

　①　総資産の大きさを確認し，

　②　右側と左側のバランス。資産全体の大きさに対して負債・資本の割合がどうか？　負債と資本のバランスはどうか？　といったことを確認し，

　③　資本，負債，資産それぞれのうち，金額の大きい勘定科目について，その内容，資産全体に占める金額の割合などを確認し，

　④　財政状態の全体像・特性を大づかみにした上で，注意深く検証する必要のある勘定科目を特定する

といった具合に，検証の対象を徐々に小さくしていくと，重要な事実を見落とす可能性が小さくなります。

　損益計算書の場合もまったく同じです。たとえば，

　①　売上規模と当期純利益の大きさを大づかみにし，

　②　経常損益と特別損益を分けて収益構造を確認し，

　③　粗利益と販売管理費の関係など，営業損益の基本構造を確認し，

　④　収益構造の全体像・特性を大づかみにした上で，細かく検証する必要のある勘定科目を特定する

といった具合です。

　当該企業が属する業界や業種の特性・企業規模などによって優先順位が変わることはあるものの，「大きく見てから小さく見る」という基本に変わりはありません。

長く見てから短く見る

「流れ」を見るという話です。

広い意味では「大きく見てから小さく見る」ことのひとつです。単年度の財務諸表を「大きく見てから小さく見る」のも大切ですが，複数年度の財務諸表を並べて「大きく見てから小さく見る」のも大切だということです。

複数年度を並べて見ると，当該企業の財政状態や収益構造の「すう勢」が浮き彫りになるからです。その企業が成長途上にあるのか衰退過程にあるのか，収益性が高まりつつあるのか悪化しつつあるのか，財務構造が悪化しつつあるのか改善しつつあるのか，といったことが一目瞭然です。財政状態や収益構造の「流れ」が見えるのです。

ヨコに見てからタテに見る

「世間の常識と比較する」という話です。

ある意味では，これも「大きく見てから小さく見る」ことのひとつです。

どの業界や業種にも，その業界や業種特有の傾向値があるものです。こうした傾向値や業界事情を無視して分析を進めると，とんでもない勘違いをしかねません。

業界全体の景況把握も大切です。業界全体がアップトレンド（上昇傾向）にあるのかダウントレンド（下方傾向）にあるのか，成長市場なのか衰退市場なのか，といった確認です。

こうした業界特有の事情や全体像を頭に入れて「業界平均より高い

のか低いのか」「業界の平均成長率を上回っているのか下回っているのか」といった具合に比較検証するわけです。

　業界標準との比較は分析結果を「井の中の蛙」としないためにも重要ですが，「人との違いがわかると話が早い」という利点もあります。その後の検証作業が進めやすいということであり，作業の優先順位を決めやすいということです。

分析のための分析に陥らない

「数字のお遊びにならないよう気をつける」という話です。

　財務分析に限った話ではありません。企業のなかにも「資料のための資料」を作りたがる人や，「議論のための議論」「会議のための会議」をしたがる人は少なくありません。本来の目的を忘れて技術論や方法論に埋没しがちな人，口先ばかりで実行が伴わない頭でっかちな人です。

　「財務諸表を読む」とか「財務データを分析する」という場合でも，すぐに「〜比率は〜％以上必要だ」とか「〜比率が〜％を超えると危険だ」といった具合にデータの分析論や細かい点に目を奪われすぎて本質に迫れずにいるケースをよく見かけます。

　大切なことは，「なぜその確認作業が必要なのか？」「その確認作業は何のためにするのか？」をきちんと理解すること，分析の本質を理解することです。

　ひとつでも多くの現物にあたり自分自身が「感じること」，自分なりの判断基準，視点をもつこと，問題意識を高めることです。企業は生き物であり，ひとつとして同じ企業はありません。生身の人間が働

く企業の現場で何が起きているのかを知るためには，ひとつでも多くの現場・現物を経験して「感じる」ようになることこそ重要です。

２つの着眼点

では，もう少し具体的に分析のポイントを説明します。

ここでは流動性と収益性という代表的な２つの着眼点を取り上げます。財務諸表を読む上での着眼点は数多くありますが，この２つがもっとも大切だからです。

説明に当たっては，前述の理由により「なぜその確認作業が必要なのか？」に力点をおいて進めます。あまり細かい点に目を奪われることなく，太い幹の部分をしっかり理解してください。

財務の安全性の検証ポイント

 ## もっとも身近な検証ニーズ

「この会社は大丈夫か？」といった話を誰でも耳にしたことがあるはずです。ある会社の信用力が問題にされているとき，その会社の最新の貸借対照表を見ます。その会社の支払能力を見るさい，流動性の指標に着目します。

（注）　流動性は保有する金融資産がマーケットですぐ換金できるか，という意味でも使われます。

貸付金や取引の代金（売掛金）の回収が倒産などによってできなくなることがありますが，「この会社は大丈夫か？」と慌てて心配するのでなく，常日頃から取引先の状況を把握しておかなければなりません。

ここでは財務の安全性について見ていきたいと思います。

 ## 資本構成が適当かどうか

流動性は会社の財務基盤についての話なので，検証作業の対象は貸借対照表の中身となります。最初に扱う「資本構成の適否」のチェックでは，貸借対照表のなかでも主に右側（資金の調達欄）の中身が問題となります。

もっとも大切なのは**総資本に占める自己資本の割合（自己資本比**

率）です。ここでは個人の資産内容とその資金的裏付けを例に，なぜ
自己資本比率の確認がそれほど重要なのかを説明します。

　下の図は，200万円の車と3,000万円のマンションを同じように所有
する太郎君と次郎君の資産内容を，強引に貸借対照表の形にしたもの
です。

【図7】

太郎君

| 車 200 | ローン 2,500 （他人資本） |
| マンション 3,000 | 自己資金 700 （自己資本） |

次郎君

| 車 200 | ローン 700 （他人資本） |
| マンション 3,000 | 自己資金 2,500 （自己資本） |

　仮に太郎君と次郎君の給料が同額だったとしたら，毎月のお金のや
りくりはどちらが楽だと思いますか？　自己資金の比率が高い次郎君
だと思いませんか？

　2,500万円のローンと700万円のローンでは，利息の支払いだけを
とっても相当の違いがあります。毎月の給料は同じですから，ローン
の支払いに消えた残りの可処分所得は圧倒的に次郎君の方が多いはず
です。ということは次郎君の方がそれだけ他の支出に回せる分が多く
なります。

　今ここで取り上げている話題はこれに類する話です。

　上の例で，双方の自己資金部分を会社の自己資本部分，毎月の給料を毎月の売上と読み替えたらどうでしょう。同じように，自己資本比率の高い方が日々の経営活動に必要な運転資金を潤沢に持つことになります。

　総資本に占める自己資本の比率（自己資本比率）をチェックすることで資本構成の適否を確認するのは，このような理由によります。自己資本比率が高ければ高いほど，財務基盤が強固であることは言うまでもありません。

$$自己資本比率（\%）＝ \frac{自己資本}{総資本} \times 100$$

● 財務構造が安定しているかどうか

　ここでは財務構造の安定度，すなわち資金の調達状況と運用状況のバランスがとれているかどうかをチェックします。

　ここで取り上げる内容は「長期的な視野から見た財務構造の安定度」の検証作業ということです。

　ここで改めて資本の循環活動の話を思い起こしてください。これまで何度も繰り返しているため，内容を覚えているかもしれませんが再掲します。

　通常このサイクル（循環活動）は貸借対照表の上半分で活発に繰り返されています。つまり，流動負債と流動資産の間です。

　貸借対照表の下半分にはもっと長いサイクルでの循環活動が集約されています。それゆえ，この活動の裏付けとなる資金（固定資産用の資金調達）は，できるだけ返済期限の長い資金，あるいは返済の必要がない資金でまかなうことが望ましいわけです。長期借入金などの固定負債や自己資本がこれに当たります。言うまでもなく，もっとも望ましいのは返済する必要のない自己資本です。

> ★会社の経営活動とは，つまるところ投下した資本（元手）をいかに効率よく回収するかということであり，回収した資本（元手）を再投資してさらに大きな資本（元手）にする循環活動であるとも言える。
> ★貸借対照表の右側の元手が左側で運用され，利益という形で再び右側に戻ってくるサイクルが繰り返される形をイメージすると解りやすい。

　したがって，「長期的な視野から見た財務構造の安定度」の検証作業には，固定資産と自己資本ならびに固定負債との対応関係のチェックが不可欠なのです。

　A社とB社の貸借対照表から両社の財務構造を眺めてみてください。

　貸借対照表の右側はまったく同じです。当然ですが自己資本比率はどちらも40％です。

　A社の場合，固定資産に運用している200万円は自己資本だけで調達できているのに対し，B社の場合，固定資産に運用している700万円のうち自己資本で調達できているのは400万円にすぎません。

　ということは，土地などすぐには現金化できない資産に投入している資金の半分近くを，1年以内に返済期限の来る資金でまかなっていることになります。これでは財務構造が長期的に安定するはずがありません。

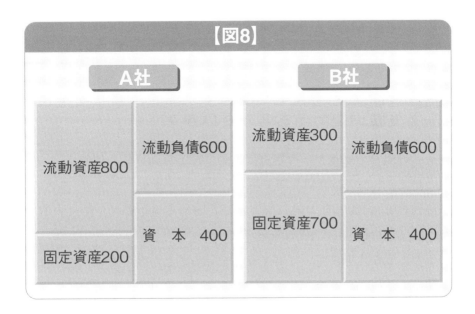

【図8】

A社
流動資産800
固定資産200
流動負債600
資　本　400

B社
流動資産300
固定資産700
流動負債600
資　本　400

　このように財務構造の安定度を検証するには，**循環サイクルの長い資産に注ぎ込まれた資金の調達源泉を確認する**ことが不可欠です。**理想は，固定資産で運用されている部分が返済不要な自己資本でまかなわれている構造**です。これがむずかしい場合でも，**固定資産運用額が自己資本プラス固定負債の合計額におさまっている**のが望ましい姿と言えます。

　ちなみに，固定資産と自己資本の対応関係を**固定比率**と呼び，固定資産と自己資本プラス固定負債の対応関係を**固定長期適合率**と呼びま

す。ただし，大切なのはこうした言葉を覚えることより，「なぜこうした対応関係をチェックする必要があるのか」をきちんと理解することです。

$$固定比率（\%）＝\frac{固定資産}{自己資本}×100\%$$

● 支払い能力があるかないか？

支払い能力を見るときの定番は流動資産と流動負債の比較です。短期的な支払い能力は流動比率で見ることができます。

流動比率は100％を上回っていることがあるべき姿で，優良企業であれば，余裕をもって100％を超えているでしょう。

このような比率についてもすう勢を見ることが大事です。悪くなりかけているのか，良くなりかけているのかによって，同じ数値が出ても違う評価をしなければならなくなります。

$$流動比率＝\frac{流動資産}{流動負債}$$

収益性の検証ポイント

○元手（資本）との兼ね合いを忘れない

　「どのぐらい儲かっているか」「将来的に儲かる可能性を秘めているか」の分析です。

　収益性の分析というと，どうしても損益計算書の数値だけを取り上げてうんぬんされることが少なくありません。しかし，本書のあちこちで繰り返し指摘したとおり，「**会社の経営活動とは，つまるところ投下した資本（元手）をいかに効率よく回収するかということ**」です。したがって，本当の意味での収益性（資本の循環活動あるいは回転運動の効率性）を見ようとすれば，資本（元手）との兼ね合いが問題にされなくてはなりません。**どれだけの資本（元手）を使ってどれだけの成果（利益あるいはキャッシュの増加）が得られたか**という視点です。

　これを見るには，貸借対照表の資本総額 (注) と損益計算書の利益額を対比させます。

　（注）　この場合の資本総額とは，「資本全体」という意味であり，右側の他人資本と自己資本の合計（＝貸借対照表の左右それぞれの合計額）です。

　たとえば次のような比率があります。

$$\frac{当期純利益}{総資本} ＝ 総資本（総資産）利益率$$

　分析の目的によっては総資本から経営活動に使われていない部分を差し引いた「経営資本」を分母とするなど，使い分けが必要なのですが，ここでは総資本額としておきます。大切なのは「**投下資本に対する利益額**」を**把握することの意義**を理解することです。

　また，総資本は，貸借対照表上総資産と同額であるので総資本利益率はROA（リターン・オン・アセッツ）と呼ばれます。

⬤ 資本回転率と利益率の相乗効果がわかる

　この算式だけを見ると，「期末時点での資本総額と利益額を対比しているだけで，資本の循環活動，回転効果が結果に反映されていない」ように思えるかもしれません。

　しかし，この算式により，資本循環の回転状況と売上に対する利益率の相乗効果を把握することが可能なのです。というのも，この算式は次のように分解可能だからです。

$$\frac{当期純利益}{総資本} = \frac{売上高}{総資本} \times \frac{当期純利益}{売上高}$$

　この等式の右辺には分母と分子のいずれにも売上高が存在していますので消去可能です。左辺のように単純に総資本と当期純利益を対比した形になります。

　では，この右辺の最初の部分，すなわち売上高を資本総額で割る部分は何を表しているのでしょう？

　答えは**資本の回転率**（ターンオーバー）です。会計期間（通常1年間）の売上高と投下した資本の総額を対比させることによって，**当該**

会計期間に投下資本が何回転したかがわかります。「投下した資本を回収し，それを再投下してさらに大きな資本にする循環活動」がどれだけ頻繁に行われたかを確認するわけです。

　一方，右辺の右側部分は売上高に対する利益率（マージン）です。「売上高に対し最終的に利益として残る部分がどれだけあるか」という割合です。

　このように，単に総資本と利益額を対比させているようにしか見えないこの算式で，**投下資本の回転率（ターンオーバー）と売上総額に対する利益率（マージン）の相乗効果を見ることができるのです。**

具体例で確認する

　次の2社を例に，どちらが投下資本の回収効率が高い（＝収益性が高い）かを見てみます。

	売上高	利益額	総資本	(単位：万円)
A社	1,000	50	600	
B社	1,000	50	200	

　A社もB社も，売上高および利益額は同じです。

　しかし，総資本はまったく違います。同じ売上高と経常利益を稼ぐのに，A社が600万円もの資本を投下しているのに対し，B社は200万円しか投下していません。この場合B社の方が資本の投下効率が良いことは，計算しなくても実感できるはずです。

　念のため前述の式に当てはめて検証してみます。

$$A社 = \frac{50}{600} = 8.3\%$$

$$B社 = \frac{50}{200} = 25.0\%$$

A社とB社の「格差」が具体的な数字として浮かび上がります。

⬤ 資本回転率と利益率に分けて検証する

格差の原因を検証するため，この算式を**資本の回転率を示す部分**と**売上利益率を示す部分**に分けてみます。

$$A社 = \frac{50}{600} = \frac{1,000}{600} \times \frac{50}{1,000} = 8.3\%$$

$$B社 = \frac{50}{200} = \frac{1,000}{200} \times \frac{50}{1,000} = 25.0\%$$

売上高利益率
（両社同じ）

資本回転率（A社は，約1.7回転しかしていないのに対し，B社は5回転もしている）

売上高経常利益率は両社とも5％ですが，資本の回転率がまったく違います。A社は約1.7回転なのに対し，B社は5回転です。このため（資本回転率の差によって）B社の総資本利益率がA社を大きく上

回る結果となっているのです。

さまざまな応用が可能

　このように，何でもないように見えるひとつの算式から実に多くのことがわかります。分母を投下資本に変えたり分子を営業利益や経常利益に変えれば，さまざまな応用動作が可能です。いずれにしても**「収益性を資本の回転運動との兼ね合いでとらえる」**という基本動作をしっかり押さえることが大切です。

　仮にこの総資本利益率が同業他社より極端に低かったり，毎年悪化していたら，まずは投下資本の回転率と売上高利益率に分けて検証してみます。

　その結果，「投下資本の回転が悪化している」のであれば，経営活動に直接関係ない不動産等に多額の金が投資されていないか資産内容をチェックしてみる。「売上高利益率が業界他社に比べて極端に低い」のであれば，極端な値引き販売をしている様子が伺えないか売上総利益率をチェックしてみる。営業マンの配置が非効率になっている様子が伺えないか一般管理費の売上に占める比率を他社と比べてみる。こういった具合に徐々に細かく検証していけばよいのです。「森を見た上で木を見る」です。

　この比率が会社の規模や業界によって微妙に異なる点には注意が必要です。得られた結果の善し悪しを判断するさい，同じ業界の同規模他社との比較や，当該企業の期間比較（少なくとも5会計期間程度の推移）作業は不可欠です。

ROE とは何か？

　最後にROE（リターン・オン・エクイティ）にふれておきます。会計の知識量の大小に関わらず，ROEという言葉をよく聞くことがあると思います。ROEは単純に，自己資本利益率です。分子の当期純利益と分母の自己資本（純資産）の比率です。

　これまで見てきた指標の分母が総資本（総資産）でしたが，ここでは自己資本となります。なぜ有名になったかというと，上場企業など幅広い一般投資家が株主である企業では，株主の投資から見た収益性が問われるからです。

　株主資本コスト (注) を上回るROEを上げることが上場会社の経営者には期待されているのです。

　総資本利益率は，回転率と利益率に分解できます。自己資本利益率は，そこに自己資本比率の逆数（レバレッジ）が加わります。つまり，負債比率が大きいほど，数値が大きくなるという特徴があります。

　ROEの分子と分母を株数で割ると，分子が1株当たり利益，分母が1株当たり株主資本になります。1株当たり利益は，1株の出資に対してどれだけ稼いでいるかという数値ですから，株主にはわかりやすい数値です。1株の株価を1株当たり利益で割ったものが，PERです。PERが他社に比べ高ければ，たまたま高い（その場合には株に割高感がある）か，今後の収益力に成長性が見込まれているかのいずれかになります。

　　（注）　資本コストは，負債の資本コストと株主資本コストからなり，WACC（加重平均資本コスト）などと呼ばれます。株主資本コストは，株主が投資先企業に要求する利益率とされており，会計数値のどこかに示されるものではありません。

習うより慣れろ

 机上の空論とならぬように

　医学の世界で理論と臨床の関係について，「人間の体はひとつとして同じものはない。それゆえひとつの医学理論を全ての人に画一的に適用できると思わない方がよい」といった話を耳にしたことがあります。これは財務諸表を読むさいにもそのまま当てはまります。

　つまり，一般論としての分析方法が常にすべての会社に当てはまるとは限らないということです。人間の体と同様に，会社の中身もひとつとして同じものはありません。したがって，さまざまな分析手法で得られる結果はあくまでも一般論であり，その会社固有の事情に照らして「本当にそうなのか」を常に検証しなくてはなりません。

　一方，同じように医学の世界で，「臨床経験を多く積んだ医者は，患者と向き合った瞬間にその患者の病名が判ることがある」という話を聞いたことがあります。同じような患者を数多く診てきた経験による賜物でしょう。一般論としての知識や理論を基に個々の具体例を判断する作業には，経験が大きくものを言うことを示す好例です。

 ひとつでも多くの現物にふれる

　財務諸表を基に個々の企業業績を検証するさいにも同じことが言えます。分析手法など一般論としての理論や知識だけでなく，常に経験

と照らし合わせて総合的に判断することこそ，独断に陥ることを避ける唯一の道です。

　大切なのは，ある程度の基本理論を学んだらひとつでも多くの財務諸表にあたってみることです。それにより，業界ごとの一般的な傾向や企業規模の大小による特殊要因など，一般論に偏りがちな書物では学べないことも自然と身につきます。自分が働いている会社など，ある程度実態がわかっている会社の財務諸表を見て，理論と実態の誤差の程度を実感するのもいい方法です。

　「習うより慣れろ」です。僅かでも輪郭がつかめたら，どんどん実際の財務諸表を読んでみてください。地平線の彼方に視界は必ず広がります。

あ と が き

　構想を頭のなかで練っていた頃には簡単にまとめられると思っていた内容も，実際に文章にしてみると案外むずかしいことを知りました。

　自分ではわかりやすく解説したつもりですが，簿記の基本を知らない方にどれだけご理解いただけたか不安です。

　財務諸表を自分には縁のないものだと思っていた方や，「食あたり気味」だった方が，多少なりともその存在を身近なものに感じられるようになったとしたら，筆者にとって望外の幸せです。

　本文のなかでもお話したとおり，財務諸表を読むコツは個々の構成要素の意味を正確に覚えることでなく，その書式に慣れることです。全体のおおよその輪郭を知った上で，ひとつでも多くの財務諸表に目を通すことが読解の早道です。細かい点に目を奪われることなく，会社のおおまかな姿を読みとることに努めてください。

　本書の内容の理解だけでも，財務諸表の本質的な部分がぼんやりと見えるように書いたつもりです。かつて市販の入門書で「食あたり」を起こされた方も，本書は興味をもって読み進められるのではないかと思います。

　本書を執筆するにあたっては，株式会社税務経理協会の取締役出版部長である川松和夫氏にさまざまなご指導をいただきました。心より感謝いたします。

　また，本書の執筆を常に暖かい眼差しで見守ってくれた家族，とくに数多くの週末遊園地にいくのを断念して家で遊んでくれた長男の陽太郎，抱っこの時間をプレイジムで我慢してくれた次男の敬太郎，そ

していつも明るい笑顔で励ましてくれた妻の美江に，この場を借りて感謝します。

　　1997年1月

　　　　　　　　　　　　　　　　　　　　　小　田　正　佳

改訂を終えて

　本書の改訂にあたって，読者からのリクエストがありました。基本財務諸表である貸借対照表，損益計算書，キャッシュ・フロー計算書を現実の企業の本当の決算で示してほしいということでした。

　引用させていただく企業は，読者に馴染みがあるシンプルでわかりやすい業種の会社とすること，出版のタイミングから直近の決算が掲載できる12月決算とすることとしました。ただ，それでも，実例は，本文の内容に比べると格段に難度の高い実例になりました。上場会社の場合，連結財務諸表（親会社を頂点とした企業グループ）を主たる財務諸表，単体財務諸表（会社単位）を従たる財務諸表としているため，連結貸借対照表と連結損益計算書を掲載しました。そのことも難しい実例となった理由のひとつです。この段階では焦らずイメージだけ掴んでください。

　改訂前から掲載されている架空のサンプルは，それほど難しい内容を含んでいませんので，こちらはときどき眺めてください。

　小田正佳さんが初版を書き上げたときから，24年の時が経ちました。会計という取っつきにくい世界がいつの間にか馴染めたと読者の皆さんに受け止めて貰えるのが本書の狙いです。

　これから先も多くの会計入門者に支持されていく書籍であってほしいと，改訂を引き継いだ者として祈念しています。

　2021年6月

　　　　　　　　　　　　　　　西　川　郁　生

著者紹介

小田　正佳（おだ　まさよし）

1959年東京都生まれ。1982年早稲田大学政治経済学部経済学科卒業。同年大阪商船三井船舶株式会社に入社。北米部，米国勤務等を経て，1989年株式会社ニコルに入社。ライセンス・ニコルスポーツ事業部長，経営企画室長，取締役管理本部長，常務取締役，代表取締役社長を経て，2004年（有）たまご工房設立。実業界に長く身をおいた経験に基づく独自の視点で会計・投資知識などをわかりやすく伝えるコンテンツ制作，セミナー，講演，コンサルティング活動などに従事。

2004年没。

中小企業診断士。米国公認会計士。

主要著書『米国会計の卵』（共著），『新　経営分析の卵』（以上，税務経理協会）他多数。

西川　郁生（にしかわ　いくお）

税理士法人髙野総合会計事務所シニアアドバイザー。

慶應義塾大学教授（2012年〜2017年），企業会計基準委員会（ASBJ）委員長（2007年〜2014年），日本公認会計士協会常務理事（1995年〜2001年）を歴任。

公認会計士。

主要著書『会計基準の針路』（中央経済社），『会計基準の最前線』『会計基準の考え方』（税務経理協会）他多数。

著者との契約により検印省略

平成27年3月20日　初版第1刷発行	新装版第2版　財務諸表の卵
令和3年7月10日　第2版第1刷発行	―「会計」が苦手な人も読める本―

著　者　小　田　正　佳
　　　　西　川　郁　生
発行者　大　坪　克　行
印刷所　税経印刷株式会社
製本所　牧製本印刷株式会社

発行所　〒161-0033 東京都新宿区　株式　税務経理協会
　　　　下落合2丁目5番13号　会社
　　　　振　替 00190-2-187408　電話 (03)3953-3301 (編集部)
　　　　ＦＡＸ (03)3565-3391　　　 (03)3953-3325 (営業部)
　　　　　　URL http://www.zeikei.co.jp/
　　　　乱丁・落丁の場合は，お取替えいたします。

ISBN978-4-419-06795-3　C3034